湖北咸丰唐崖土司遗址保护利用与社区融合发展研究

袁　露◎著

吉林出版集团股份有限公司

图书在版编目（CIP）数据

湖北咸丰唐崖土司遗址保护利用与社区融合发展研究/
袁露著.--长春：吉林出版集团股份有限公司,2023.7
　　ISBN 978-7-5731-4007-4

　　Ⅰ.①湖… Ⅱ.①袁… Ⅲ.①土司-城堡-文化遗址
-保护-关系-社区管理-研究-咸丰县 Ⅳ.
①K878.34

中国国家版本馆 CIP 数据核字(2023)第 132674 号

湖北咸丰唐崖土司遗址保护利用与社区融合发展研究

HUBEI XIANFENG TANGYA TUSI YIZHI BAOHU LIYONG YU SHEQU RONGHE FAZHAN YANJIU

著　者：袁　露
出版策划：崔文辉
责任编辑：姜婷婷
封面设计：许　康
出　　版：吉林出版集团股份有限公司
　　　　　（长春市福祉大路 5788 号，邮政编码：130118）
发　　行：吉林出版集团译文图书经营有限公司
　　　　　（http://shop 34896900.taobao.com）
电　　话：总编办：0431-81629909　营销部：0431-81629880/81629900
印　　刷：北京银祥印刷有限公司
开　　本：710mm×1000mm　　1/16
字　　数：210 千字
印　　张：13.25
版　　次：2024 年 1 月第 1 版
印　　次：2024 年 1 月第 1 次印刷
书　　号：ISBN 978-7-5731-4007-4
定　　价：79.00 元

如发现印装质量问题，影响阅读，请与印厂联系调换。电话：18612868918

序　言

　　在经过大量文献研究、实地考察和专家访谈的基础上，本研究尝试通过解析唐崖土司制度以及唐崖土司城遗址的文化内核和价值，调研现有唐崖土司城遗址旅游产业的管理体制、发展水平和文化旅游市场开拓情况，在世界文化遗产旅游开发的全球背景下，对比分析国内外同类型文化遗址公园的建设发展历程，充分研究唐崖土司城遗址所在地区的历史地理、区位环境及民族文化环境，从而提出了唐崖土司城遗址文旅创新和社区融合发展之路的一些具体对策。

一、研究背景

　　唐崖土司城遗址作为世界文化遗产地，蕴含着丰富的历史文化内涵，其潜在的社会效益和经济价值之高是不容否认的。从目前来看，唐崖土司城遗址景区在国内外的知名度和认可度并不高，游客量也没有达到理想的状态，追根溯源，定位上过于高端又宣传推广不足导致曲高和寡可能是主要根源之一。同时，在大众旅游市场上，唐崖土司城遗址景区在项目的观赏性、游览性、体验性和探险性等方面还存在很多的不足，有待提升。另外，现行的唐崖土司城遗址景区范围局限在古城墙之内，而与历史上土司城的选址、建设、发展密切相关的唐崖河、悬崖绝壁和万马聚首的群山被划分在景区门外（红线之外），从历史文化以及科学研究角度看具有明显的不合理性，导致发展旅游、吸引游客、留住游客十分困难。

　　文化旅游业是湖北省恩施州的主导产业、优势产业之一。恩施土家族苗族自治州应围绕建设"国际知名旅游目的地"的战略定位，用好资源禀赋，在引入高水平旅游开发投资主体、推动旅游业转型升级高质量发展、提升全域旅游发展水平的同时，积极巩固拓展脱贫攻坚成果，振兴乡村，推进旅游目的地社区的各民族居民共同富裕。

二、世界文化遗产研究现状评述

世界遗产的研究始于 20 世纪 80 年代，始终是学术领域所关注的热点问题。从研究对象来看，对文化遗产的研究多于自然遗产的研究，这与全球世界文化遗产数量远多于世界自然遗产的现实是有相关性的。从研究的地域差异来看，美国、加拿大等国家有关世界自然遗产特别是国家公园的研究成果较多，而欧洲比较重视对城市和建筑等文化遗产的研究。从研究内容来看，国外世界文化遗产保护与管理研究主要偏重遗产地保护、游客管理、遗产地居民管理、遗产旅游的影响等方面。

随着世界文化遗产概念的传播和旅游业的迅猛发展，国内十多年来对文化遗产的研究也在加强，成果颇丰。梳理发现国内对文化遗产的研究主要集中在以下两大方面：一是世界文化遗产的保护理念、监测及技术措施；另一方面是世界文化遗产的旅游开发研究，包括旅游开发与保护的关系、开发模式和遗产地解说系统的研究。同时，近年来，学者们对世界文化遗产的社区影响研究也在逐渐涉及，遗产地的社区主体逐渐得到重视。

今后世界文化遗产保护与管理的研究趋势为：研究视角上更注重多学科交叉研究，研究内容更为广泛，研究方法上运用多学科多层次的综合研究方法趋多。

三、研究目的及意义

湖北省恩施土家族苗族自治州作为曾经的武陵山区连片扶贫地区，是湖北省文化旅游产业发展的重要板块，更是巩固拓展脱贫攻坚成果的重要阵地。本研究认为唐崖土司遗址所处地区城乡统筹发展过程中尚存在"文化价值瓶颈、顶层设计瓶颈、合力不足瓶颈"等建设瓶颈和突出问题。本研究力图通过唐崖土司遗址这一世界级文化资源开发利用，突破"就景区发展论景区发展"的狭隘观念，从"景—城—乡"一体化区域协调发展的角度，看待重大文化旅游资源开发和利用的社区社会经济价值。通过唐崖土司遗址的大利用大开发促进恩施州旅游产业提档升级。

四、研究思路与方法

本书的研究遵循"文化解读—开发现状—问题瓶颈—经验借鉴—优势因素—政策建议"的总体思路。围绕研究内容，以相关学科理论为基础，通过实地调研和文献分析，力求对唐崖土司文化内涵进行全面梳理，对旅游开发价值进行精确的评估，对唐崖土司城址保护与创新利用提出科学的建议与合理的对策。

全书的研究框架是：从唐崖土司遗址丰富的历史文化内涵解读开始，引申到现今咸丰县唐崖镇的发展状况、面临的主要问题和旅游发展瓶颈，再纵观世界遗产地保护与社区生计发展普遍存在的问题，进一步横向比较国内外同类遗产开发案例，通过总结，突出唐崖土司遗址旅游发展的优势因素，从而提出唐崖土司遗址旅游和入口社区融合发展的科学对策，明确提出唐崖土司遗址公园的高标准定位、国际品牌建设和专业化市场营销的策略，开创绿色崛起高质量发展新局面。

由于本书的篇幅不大，而本人对文化领域的理论掌握和研究非常有限，故在对土家族文化的解读和剖析的过程中会有浅显之处，还望各位读者予以斧正。在撰写的过程中，亲人和朋友们给予了大量有针对性、创新性的建议和谏言，一并吸收纳入其中，在此对每一位关心这本书的朋友表示由衷的感谢！对此书未能研究到位之处，表示歉意！

袁　露

2023 年 1 月

目　　录

第一章　唐崖土司遗址文化解读

　　唐崖土司城遗址是我国现存最完整的土司城遗址之一，它地处湖北省恩施土家族苗族自治州咸丰县，主要遗存年代属于明代中后期至清初。城址格局清晰，功能完备，是西南地区最具代表性的土司城遗址之一，对研究土家族的历史文化和中国的土司制度具有重要价值。2006 年，唐崖土司城遗址被列入全国重点文物保护单位（第六批）。2015 年 7 月，第 39 届世界遗产大会在德国波恩召开，会上通过了中国申报的"土司遗址"，正式将其列入《世界遗产名录》。世遗中国土司遗址由唐崖土司城遗址及我国另两处土司遗址——湖南省内的永顺老司城遗址和贵州省内的播州海龙屯遗址构成。

　　作为世界文化遗产的唐崖土司城，其建筑遗存、民俗礼仪等在我国乃至世界的文化长河中光彩夺目，其独特的土司制度对于文化继承也有着不可小觑的作用。我国从秦朝开始就成为统一的多民族国家，在实际的历史发展过程中，不乏西南和西北地区各个民族政权分立并强大到与中原王朝相抗衡的情况。直至元代实行土司制度之后，少数民族政权分立的情况得到显著改善，边疆地区几乎再未出现过分裂割据的地方民族政权，统一的多民族国家才得以完全形成。土司制度不是简单地等同于地方民族割据，前者在传承地方历史文化，加强各民族的交流合作，促进边境与内地贸易等方面做出了不可磨灭的贡献。虽然发展到后期，这一制度不可避免地走向了消亡，但它"保小家，卫国家"的民族精神不容抹杀和遗忘。

第一节　唐崖土司城优越的历史遗存

　　唐崖土司城始建于元朝时期，在明朝天启年间达到鼎盛，是西南地区最具有代表性的土司城址之一。唐崖土司城遗存丰富：巍峨雄伟的土司衙门牌坊，形态逼真的石人、石马，历历可见的三街十八巷遗迹，充满神秘气息的土司陵和田氏夫人墓等等。我国著名建筑学家、华中科技大学教授张良皋曾说，除武当山"治世玄岳"牌坊外，湖北境内再无一座能超越唐崖的牌坊，唐崖的土司陵更是全国唯一。

唐崖土司城现存遗址规模广大，南北宽 750 米，东西长 770 米，总面积 57.75 万平方米，是西南地区保存较为完整的一处土司城遗址。明朝皇帝朱由校御赐给唐崖第十二代土司覃鼎的功德牌坊，也是现在唐崖土司城的核心景区。

唐崖土司城址现存唯一完整的地面建筑就是这座牌坊。牌坊是四柱三门三楼式，为全石仿木结构。牌坊宽 6.03 米，高 6.8 米，明熹宗朱由校题写的"荆南雄镇"和"楚蜀屏翰"匾额，八个字苍劲有力，全为阴刻，融合了土家族文化和汉族文化的精美雕版，是唐崖土司城的标志性遗迹。牌坊上面还用浮雕的形式刻画了渔樵耕读、土王出巡等画面，再现了当时的唐崖土家族人多姿多彩、温馨和谐的生活画面。

土司城门前有一座张王庙，也是唐崖土司城的武庙，祭祀的是三国时期的武将张飞。勇猛善战的张飞是蜀汉名将，死后却身首异地，身葬四川阆中，头葬重庆云阳，人们为了纪念他，就在当地建起了张王庙。唐崖土司城外的张王庙修建于明朝万历年间，采用三进院落结构，前面是山门，中间是马殿，最里面是拜殿。目前保存较好的实物只有两对石人、石马。虽然历史已经过去 400 多年，但马身上的鞍、蹬、缰、辔等配饰也一应俱全，精美的雕刻清晰可见。

东城门是当年唐崖土司城的主要进出通道。整个城址布局清晰，一条南北向的主干道贯通全城，辅以三纵三横的次干道，将全城分为上、中、下三街，其间再配以数十条巷道，将整个城区分割为数个院落，因而有"三街十八巷三十六院"的说法。贯穿南北的主干道全长接近 900 米，路面统一采用青砂岩铺筑，宽 1.5 米到 3.5 米不等。这条主道是我国目前发现的保存最为完整的明代石板古路。

在唐崖土司城址西北部有宏大的土王墓葬群，保存相当完整，是唐崖土司珍贵的文化遗存。

一、唐崖土司城是明代重大历史事件的产物

唐崖土司城最初建于元朝至正十五年（1355 年），鼎盛于明朝天启年间，于清朝雍正十三年（1735 年）改土归流时废止，一共产生十八位土司，历经十六代，延续近 400 年。明朝后期，社会矛盾尖锐。前有后金出兵侵犯辽东，后有西南地区土司叛乱和农民起义不断，统治者与西南少数民族的矛盾也越来越突出。天启元年（1621 年），趁朝廷征调川军援辽之机，四川永宁宣抚司奢崇明（彝族土司）假称服从征调，派其女婿樊龙和部将率军抵达重庆，借机发动叛乱，在重庆建立大梁国。天启二年，贵州水西宣慰司安邦彦起兵叛乱，与奢崇明结盟，共同对抗明朝军队，割据一方。历史上称这一事件为"奢安叛乱"。四川巡抚朱燮元征调大量官兵入川平叛。《覃氏族谱》记载，唐崖长官使覃鼎在征调平叛之列，先后率兵征讨重庆地区的樊龙、奢崇明等人，多次战斗取得胜利，立下了赫赫战功。20 世纪80 年代，唐崖土司遗址内出土的"永宁卫千户所百户印"，就是当时重要的战利品。

奢崇明叛乱被平定后，唐崖长官司因显赫战功被升为唐崖宣抚司，覃鼎也从正六品的长官司升至正四品的宣抚司。为了嘉奖唐崖覃氏的功劳，明熹宗朱由校还建立了一座公德牌坊，授书"荆南雄镇"和"楚蜀屏翰"八个大字。并允许唐崖土司扩建一座"大方平西将军帅府"。于是唐崖土司城开始进行大规模的改良和扩建，设三街十八巷三十六院，其中的主要建筑都极为讲究轴线、对景和风水，宏伟精美程度可媲美皇宫，由此也标志着唐崖土司进入鼎盛时期。

二、唐崖土司城是山地城市的佳作和典范

唐崖土司王城是与北京故宫处于同一历史阶段的唯一土司皇城。根据

实物上的纪年题刻、相关历史记载和考古学家的判断，土司城内的遗存大部分集中于明代中后期。土司城完整保留有多种类型的遗存，包括建筑基址、交通设施、城防设施、墓葬、手工业遗址、苑囿等。尤其是规划明晰的道路和院落体系，表现出城市主体一次性规划和营建的特征。著名考古学家、故宫博物院原院长张忠培先生把唐崖土司城誉为"小故宫"。

唐崖土司城是中国山地城市的杰作，它完美融合中国传统的风水建城思想与土家族因山就势的建造智慧，并创造式地将传统四神方位整体扭转90度建城，探索华夏文明山地建城模式。整座城市在风水选址上很有讲究，背山面水，与自然环境很好地融合在一起，体现了人与自然地理环境和谐共生的理念。

唐崖土司城充分利用周围的山形水势，形成一道固若金汤的防御体系。古城前临朱雀山，后倚玄武山，左边青龙山，右首白虎山，门前有唐崖河环绕，四面环山，进退有据。除了正面的唐崖河和南北两面的溪沟构成天然的屏障，再沿着山脊和河沟内岸砌置高耸的城墙，深沟高垒，易守难攻，可较好地抵御外来势力的侵入。在城池构造上，唐崖土司城与"方九里，旁三门，国中九经九纬，经涂九轨"的中原建城体制完全不同。土司城的城墙与道路均随形就势，蕴含了人与自然的和谐统一。

唐崖土司城比明清的紫禁城还大，纵横1千米，占地面积100万余平方米。土司城有设计科学的排水系统，在充分依托城池外围天然的河道基础上，在城内道路两旁均人工开凿有排水沟，明沟和暗沟交错。即便是历经几百年后的今天，大雨后的唐崖土司城遗址区，依旧能快速排水，很少有积水的留存。

此外，唐崖土司王城之内的建筑轴线、对称方面的精致、考究程度可与故宫媲美。衙署区是土司王办公的场所，也是整座城市的中心。受山地地形限制，唐崖土司城整体格局不能完全遵循中轴对称，但城市的核心衙署区却采用了严格的中轴对称布局。整个衙署区大致呈规则的长方形，总面积3万多平方米，衙署四周均建有围墙围合。从东向西，依山就势分布有大衙门、官言堂和内宅三组核心建筑及一些附属建筑群，是典型的前朝后寝式格局。另外，王城内的钱库、御花园、万兽园、牢房等等都有踪迹可寻，体现出"王者气象"。

总之，土司城整体结构为中轴对称结构，局部随势而建，既体现了中华传统文化"家天下"的格局，又体现了人与自然环境和谐统一的理念，是少数民族地区充分利用山地地形建造城市建筑的佳作和典范。

三、唐崖土司城是多民族文化融合发展的结晶

在我国西南地区遗留下来的多处土司治所中，唐崖土司城遗址不仅是单体规模最大的，也是地面遗存数量最多、遗存类型最为丰富的，同时其功能格局和城市形态也是保存最为完整的。对于今天人们研究土家族的文化、经济、政治、军事等各个方面都具有重要意义，可以说是土家族的一座露天博物馆。

唐崖土司城丰富了中国单一少数民族的建城历史，是土家族物态文化最高的生活智慧结晶。它吸收了中国古代城市规划和建设的成熟经验，在选址中注重风水，将周边的山形与《易经》中的"四象"相结合，将城市背倚的山命名为玄武山，将城市对面的山命名为朱雀山，将城市左右两侧的山分别命名为青龙山和白虎山。由于受地理位置的影响，唐崖土司城整座城池和衙署坐西朝东。但为了追求区位上的尊崇地位，却将城的"靠山"命名为象征北方的"玄武山"，这种追求精神层面的城市坐向，在我国城市的发展历史中尚属孤例。

唐崖土司城布局合理，功能完备，土司城主城区辟为三街十八巷三十六院，按功能分为衙署区、宗庙区、军事区，以及书院、花园、养马场、狩猎场等，占地广阔。在城市规划和布局方面，大量吸收了中原城市的特点，比如将官署区设置在城池中心，其他功能区以官署区为基础环绕周边，体现了中国古代"筑城以卫君"和"皇权中轴"的思想。高大的"荆南雄镇"牌坊设置在衙署前面，其实也暗合了土司制度的特征——既有自上而下体现中央皇权的一面，又有基于少数民族自身统治和传统文化的一面，

体现了中国封建社会"修其教不易其俗，齐其政不易其宜"的多民族地区管理理念。

唐崖土司城内的宫殿区，既是土家族特有的建筑形制，沉淀了悠久的土家族历史和绚烂的土家族文明，同时又借鉴了汉族宫廷建筑的特点，是融合了汉族及其他民族优秀思想文化的建筑杰作。

唐崖土司城遗址独特的自然地理位置选择、内外有别的城市规划体系，汇集了山地城市和家族墓地等多种社会生活载体，体现了山居社会形态与皇权思想的结合，突出反映了以土家族文化为代表的少数民族文化与汉族文化共存、碰撞，并最终相互融合的文化交流过程，是具有南方山区特色的中华文化，是人类智慧和创造的结晶，具有全球范围的突出价值。

唐崖土司城与川盐古道也有着不可分割的历史渊源。川盐古道是一条源于四川东部（今渝东），贯穿中国腹地的运盐古道，曾对鄂、渝、湘、黔交会地区产生巨大的影响力。国内外学者评价，"川盐古道"的形成和畅通在某些方面有着比"茶马古道"更为重要的意义，因而被誉为"南方丝绸之路"。唐崖土司城作为古盐道上的一个城市枢纽，成为发展经济、传播文化的重要载体，是连接不同地域、不同民族文化的纽带，对于推动周边地区经济的发展，加快西南少数民族地区与汉民族的文化融合发挥过重要的历史作用。

第二节　唐崖土司城独有的民族家国文化内涵

唐崖土司城始建于元朝，历元明清三代，世袭长官为覃氏。覃氏家族多次为中原朝廷南征北战，立下汗马功劳。唐崖土司既是一个家族的缩影，同时又背负着时代赋予的使命，与国家命运紧密相连，对西南地区的政治、经济、文化都产生过较大的影响。

一、唐崖土司是少数民族家国智慧的直接反映

据《覃氏族谱》记载，元代至元二十年，覃化毛奉长兄镇国大元帅覃

尔毛之命，领兵三千攻打蛮酋马化龙，取得唐崖五峒地，置军民千户所。《咸丰县志》记载，覃化毛治理唐崖时实施仁政，使土民得以安居乐业，人们感其恩德，称覃化毛为"启处送"。覃化毛成为唐崖第一代土司，也就是唐崖的始祖。

历史发展到明末动荡时期，唐崖第十二代土司覃鼎积极参与地方平叛，因战功卓著，被皇帝封为安抚使。覃鼎之妻田氏夫人是中国历史上少有的女性领导人，在覃鼎赴荆州剿伐流寇期间，唐崖政务由田氏夫人和覃鼎族弟覃杰共同主持，政绩斐然，田氏被誉为土司中的武则天，是中国女性自强的典范。明万历年间，荆州大儒张云松至唐崖，覃鼎爱其才学，招之为婿，张云松在唐崖开办了皇城书院，传授汉文给覃氏子弟。

由此可见，土家族覃氏是一个家庭三种典型。军事上，覃鼎骁勇善战，唐崖土兵在覃鼎的带领下，在朝廷的各次征调战争中勇猛善战，立下赫赫战功；内政上，唐崖人民在田氏夫人与覃杰的主持下，积极建设土司皇城，使其规模空前；文教上，唐崖学子在张云松的教诲下，欣然向学，使汉文化在唐崖得到初步传播。这种"齐政修教，因俗而治"的治理思想正是中国少数民族家国智慧的直接反映。

（一）覃鼎：家国大义的践行者

第十二代土司覃鼎，明朝天启二年至七年（1622—1627）在任。1621到1622年，历史上的"奢安之乱"爆发，覃鼎奉调征讨乱军，立下赫赫战功，得到明朝皇帝嘉奖，使得唐崖司由长官司升为宣抚司，土司城得令扩建。覃鼎本人也升任都司金事兼宣抚使，被明朝廷封为武略将军。在覃鼎任职期间，唐崖土司走向鼎盛。覃鼎于明天启七年（1627年）积劳成疾病故，死后葬于唐崖司玄武山。覃鼎病故后，其子宗尧袭土司职。

（二）田氏夫人：平权思想的典范

覃鼎军威显赫，其妻田氏也被诰封为武略将军夫人。覃鼎去世后，宗尧袭位肆行不道，田氏绳以礼法，亲自执掌政务，为唐崖实际上的第十三代管理者。

史料记载，田氏夫人为龙潭安抚司田氏之女。龙潭田氏和唐崖覃氏这两族此前本"世相仇杀"，因覃鼎和田氏的婚姻使两族化干戈为玉帛。田氏生平乐善好施，相夫教子，为人称道。她到唐崖司后任印官之职，执掌司务内事，其夫覃鼎奉调出征期间，司事都由田氏夫人主持，对内负责安定后方，对外保证粮食武器等战略物资供给，为覃鼎屡建战功给予了有力的支撑。

历史上关于田氏的记载，除了她精明能干，还有他和夫君覃鼎的恩爱相守。唐崖土司城址西面，玄武山顶的玉皇庙旁有两棵杉树，据传说是覃鼎夫妇所植，两棵树枝干相连，并峙而立，象征他们夫妻二人的同气连枝，携手并进。田氏死后葬于司城后山土司皇坟，其墓至今保存完好。

（三）张云松：文化传播的使者

张云松是覃鼎和田氏夫人的女婿。据唐崖《张氏族谱》记载，张云松祖籍为湖北荆州府江陵县。因受到邻居命案牵连而被迫离开家乡，在明朝万历三十三年（1605 年）来到施州卫大田所滴水岩，隐居于此。当时正值覃鼎夫妇执掌唐崖，在得知张云松博学多才后，覃鼎夫妇极力邀请张云松到唐崖筹办书院，教习后辈诸生，传授汉语，使覃氏子孙受益匪浅。覃鼎夫妻爱其才学，招张为婿，入赘唐崖。张云松死后葬于玄武山。

二、唐崖土司丰富了民间古诗词文化素材

唐崖土司遗址是土家族历史文化的活标本，历史上对整个鄂西地区的文化都产生过较大的影响。恩施民间至今仍流传着不少关于唐崖的故事和传说，这些来自民间的素材也经常出现在文人的诗词中，丰富了我国传统诗词文化的内涵。

皇城

一方主宰许专行，

倚水傍山巧运营。

院巷三街今不在，

月光如水洗荒城。

诗歌第一句直接说明了唐崖土司城被民间称为皇城的原因，土司城几百年来雄踞荆南，偏居一隅，山高皇帝远，实际上一直保持着半独立状态。第二句称赞了唐崖土司城极佳的地理位置，依山傍水，布局巧妙。最后两句抒发了作者对历史变迁的惋惜之意：曾经辉煌的城市如今已经一片废墟，令人感慨。

唐崖土司城遗址怀古

杨懋之

创业兴邦数十载，

元朝清代历三朝。

扬威渝贵擒龙虎，

雄镇荆南称杰枭。

武略印官魂远去，

重楼深院影烟消。

唐崖幸有丰碑在，

赫赫英名傲世骄。

本诗首联两句浓缩了唐崖土司城 400 余年的历史。颔联记叙了土司覃鼎奉命征讨渝、贵地区叛乱，生擒樊龙、樊虎，立下显赫战功的史实。颈联说的是覃鼎征战在外，夫人田氏执掌大印，负责主持内政。覃鼎得以成就一方霸业，田氏功不可没。尾联两句自然表达了作者对唐崖土司历史功绩的赞颂之情。

覃鼎墓

彪炳武功冠土王，

九重恩赐立牌坊。

溪边杯土半方石，

德风过处草木香。

覃鼎墓位于如今遗址区的贾家沟旁边，坟墓相当简陋。墓前有一石碑，上刻"武略将军覃公讳鼎之墓"。上有年代"庚午岁季春吉旦"，下有落款"孝男覃宗尧"。

《唐崖土司概略》记载:"天启元年（1621），覃鼎奉调征讨渝城，擒樊龙、樊虎。天启二年，奉调捷征水西安邦彦。天启三年，复征奢崇明、奢社辉。"①

覃鼎多次奉调出征，战功卓著，威震武陵，以"彪炳武功"创下"冠土王"的一方霸业。明熹宗朱由校颁布皇令，敕建"帅府"和功德牌坊，授书"荆南雄镇，楚蜀屏翰"八字以示嘉奖。覃鼎遂大兴土木，大规模扩建土司城。唐崖土司达到鼎盛，下辖鄂西南和渝东广阔的地盘，位列恩施十八大土司之首。

田氏夫人墓

两姓冤仇一笑休，

相夫教子富鸿猷。

坟台朴素无珍异，

留得贤名耀壑丘。

本诗盛赞了覃鼎之妻田氏夫人。"两姓冤仇一笑休"，说的是当年的一段"和亲"佳话。唐崖河流域的唐崖、龙潭两大土司世相仇杀，常年争战。后来两族和亲，田氏与唐崖土司之子覃鼎结为夫妇，两大土司之间的战争平息。

民国时期《咸丰县志》记载:"覃田氏，相夫教子，皆以忠勇著一时。"覃氏族谱记载，覃鼎出征期间，"田氏总理司务，峒事悉赖田氏主持，负责安定后方，保证战区粮、械等物资供给，内则地方安谧，外则转输无乏。"

田氏主持内政期间，主导扩建了土司城。前往峨眉山途中，沿途学习汉人先进的种田、养猪、养蚕、刺绣术，回来后广为传播。她还力排众议，请荆州儒士张云松到唐崖办堂讲学。她的开明促进了唐崖土司的兴旺发展。

夫妻杉

月迎日送影形随，

鸳鸟飞来不敢栖。

---

① 见咸丰县党史县志编纂委员会办公室 1986 年版油印资料《唐崖土司概略》。

四季长青欣寿永，

平分秋色话情痴。

此诗赞美了"夫妻杉"所象征的忠贞爱情。夫妻杉位于土王墓后 200 多米远的玄武山上，两棵树并立连枝，高约 44 米，冠幅约 225 平方米，传说为土司覃鼎和田氏订婚时亲手栽种。"平分秋色"传达出男女平等的思想，在封建社会男尊女卑的主流思想下，这是尤为可贵的。

皇坟

不树丰碑任揣摩，

群山到处闹丧歌。

多棺同日营安葬，

知是土王结怨多。

诗中所说的这座"皇坟"位于土司城西北部的玄武山中心的山嘴上，经考古专家初步认定，墓主的真实身份是唐崖土司二世覃值什用。

该诗说到了唐崖民间的一个传说——土司死后，后人知道土王结怨多，就用同样的四十八口棺椁，用同一规模的祭葬仪式，于同一时间出殡，分别葬在四十八个地方，且均无碑刻文字，混淆真伪，以防被盗墓贼掘墓或仇家抄墓。

覃杰墓

瓦棺薄葬帝尧规，

峒主雄风竟忽之。

不俗客来偷掘墓，

就餐金碗属伊谁。

此诗说明，覃杰是唐崖土司的首领。峒主，是古代南方少数民族首领的称呼。第二，覃杰生前是一介英雄，死后也雄风犹在，让后人厚葬自己，陪葬品有金碗之类的贵重物品。

覃杰是覃鼎之下分掌司权的钦依峒主。唐崖土司现存史料表明，覃杰可能为覃鼎族弟。史料记载覃鼎及其子宗尧外出征战期间，司内事务由田氏夫人和覃杰主持，颇有政绩。覃杰能协助印官田氏夫人共同主持司务，说明他在唐崖土司家族有较高的地位，而且颇受信任和倚重。

《覃氏族谱》记载："钦依峒主覃杰，分掌司权。征水西安邦彦，随军门王总兵冒进大方苗巢，兵陷，是杰冲关斩煞，势如破竹，救陷出围，毫无损失。""……是杰冲关斩煞，势如破竹，救陷出围，毫无损失。"他敢突破瓦棺薄葬这一帝尧之规，让后人厚葬自己，可见其生前的"峒主雄风"。

唐崖河

杨道雅

万缕青丝细数难，

蓝河壮阔富波澜。

柔情比作唐崖水，

半是青丝半是蓝。

青丝河又称青狮河，位于现今唐崖镇西南方向的两涧口处，青丝河与蓝河在此地汇入唐崖河，因而唐崖河水"半是青丝半是蓝"。这首诗巧妙地赞美了唐崖河刚柔相济的秉性。唐崖河是哺育咸丰人民的河流，具有妩媚柔美的一面；唐崖河又是一条阳刚之河，它一改我国水系从西向东的惯例，自东向西进入重庆黔江，并于龚滩汇入乌江。

第二章　唐崖土司遗址旅游发展现状

　　用文化的理念引导旅游的发展，用旅游的方式促进文化的传播，有助于提高我们国家的文化软实力，增强中华文化在国际社会的影响力。在文旅融合的新时代背景下，文化和旅游在技术、市场、产品等方面虽然存在一定的边界，但往往又会相互交叉，双向渗透，彼此融合，互相作用。

　　当前，咸丰县唐崖镇文化和旅游事业的发展虽然取得了一定的成绩，但从整体效益和产业发展质量来看，唐崖文旅产业仍处于发展初期。其瓶颈主要表现在文化旅游融合发展战略与理想状态相比仍存在较大差距，旅游融合领域还较为单一，深度合作方面有待加强。具体表现在如下几个方面：文化内涵的挖掘不够深入，唐崖悠久的土司文化尚未得到很好彰显，旅游景区特色定位不够准确、清晰，一些地方忽略了文化在旅游业发展中的核心地位，在优秀传统文化的创造性转化、创新性发展上存在短板；文化、旅游的合作不够畅通，缺乏完善的制度作为保障，部门之间在一定程度上仍然存在着管理不精细不严格、流程不清晰不科学等现象；各级政府部门在政策支持上缺乏协调机制，宏观调控作用尚没有得到有效发挥，对产业的促进性不明显，在税收、财政、产业扶持上的相关政策尚不完备，文化和旅游市场不够规范等。厘清唐崖土司遗址旅游现状中存在的问题，是合理制定当地文旅产业科学发展规划的前提和基础。

第一节 咸丰县唐崖镇少数民族地区治理工作及
施政现状

一、咸丰县的概况和治理思想

1. 咸丰县的历史沿革和概况

咸丰县位于湖北西大门，县名有"咸庆丰年"的意思，是恩施土家族苗族自治州的一个下辖县。咸丰县离州府所在地恩施市的距离是98千米，与重庆市黔江区的距离是53千米。咸丰的地理位置处于武陵山东部、湖北西南边陲，这里是湖北、湖南、重庆、贵州四省市交界结合，地理位置重要。因此，咸丰自古就享有"荆南雄镇""楚蜀屏翰"的美誉。

在周朝以前，这个地方属于蛮夷之地。周朝时期，此地最初是巴子国的地方，后来是子国的地方。战国时期，该区域属于楚国巫郡的管辖范围。秦朝时期该区域属于黔中郡管辖。汉朝时期，属于武陵郡辖地。东汉时期，合并到南郡。三国到晋朝时期属于建平郡管辖。齐梁时期，归宜都郡管辖。北周时期，咸丰与现今的来凤、宣恩一起合为乌飞县。

隋朝时期，咸丰和来凤一起属于开夷县，属施州管辖；唐朝时期将州改为郡，取消了开夷县，设清江县，包括恩施、来凤、宣恩、咸丰、利川这几个地方。五代时期，咸丰、来凤两县又被划为感化州。宋朝时属于富州地区，后改为羁縻柔远州，最初叫懿州，后来改为安定州。

元朝至元三十一年（1294年）此地改为安定州，设散毛府；至正六年（1346年）本地被改为散毛寨，下面设置有唐崖司、龙潭司、金峒司三司。

明朝洪武五年在此地设大田军民千户所，下辖大旺、唐崖、龙潭、金峒、西坪各土司地；洪武二十三年（1390年）设置大田军民千户守御。

清朝雍正十三年（1735年）改土归流，朝廷将大田军民大户所及各土司地融合，共设一县，由湖广总督迈桂奏请，清世宗皇帝将此地钦定为咸丰县，盖取"咸庆丰年"之意。

1912 年，废府存县后，咸丰县直隶于湖北省管辖；1915 年，咸丰属荆南道管辖；1925 年，咸丰属施鹤道；1927 年，废道复隶于湖北省；1928 年，属鄂西行政区；1932 年，改为第十行政督察区；1936 年，属于第七行政督察区署。

1949 年 11 月 11 日，咸丰县成立人民政府，隶属湖北省恩施地区行政公署，原为恩施地区专员公署。行政归属上，咸丰县在 1970 年属于恩施地区；1983 年，属于鄂西土家族苗族自治州；1993 年，属于湖北省恩施州。

目前，咸丰县的国土总面积约为 2 550 平方千米，其中耕地面积约为 44 000 万平方米，平均海拔 800 米。这里是多个少数民族的聚居地区，主要少数民族有土家族、苗族、侗族等。

2. 咸丰县治理思想

近年来，咸丰县把生态保护和生态建设作为重要的发展思路，坚持"生态立县、绿色发展"理念，力争创建全国生态文明建设示范县。

咸丰县启动了一系列措施来保护生态环境，包括对河流进行综合治理，对土地石漠化问题的治理以及推行退耕还林等生态工程，全县国土绿化率和森林覆盖率显著提升，成功创建省级卫生城市，并获得"全省旅游强县"称号。

同时，咸丰县对环境问题进行了系统的整改，通过大气污染防治、土壤污染防治、水污染防治、畜禽污染防治、农村垃圾治理、自然保护区违法违规行为整治、矿山治理等一系列专项整改行动，依法打击环境违法行为和不规范行为，做到源头严防、过程严管、后果严惩，取得了很好的效果。

另外还开展了一项特殊的举措，即选定近 200 名河长，认领县内 60 条主要河流，专人负责河流维护工作，实现河流功能永续利用，给县域经济的发展提供了牢固的生态保障。

此外，乡镇污水处理厂建设、农村环境综合整治等污染防治重点工作也取得较好的成效，水质达标率 100%。

总之，坚定不移地走绿色发展之路，大力发展休闲旅游、清洁能源等绿色产业，坚决杜绝"三高一低"（高投入、高能耗、高污染、低效益）项目在咸丰落户，从源头上控制污染排放，打造全域旅游格局和美丽乡村新亮点，使经济社会发展与生态环境更加协调，是咸丰县目前主要的治理思想。

（1）"一统三治、一站六联"

唐崖土司城遗址的所在地是湖北省恩施州咸丰县，作为一个比较闭塞的少数民族聚居县，咸丰县联系当地的实际经济和社会现状，提出了"一统三治、一站六联"的社区治理模式，其模型图，如图 2-1 所示。

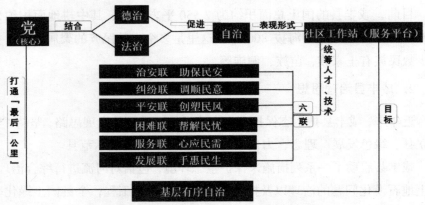

图 2-1 "一统三治、一站六联"模型图

"一统三治、一站六联"是咸丰县基层社会治理品牌，"一统三治"即以党建为统领，将自治、法治、德治相结合，"一站六联"即由村支两委成员、驻村律师、村医村教、驻村干部、网格管理员等组成的社会治理工作站，形成治安联防、纠纷联调、平安联创、困难联帮、服务联心、发展联手的"六联"模式。

（2）社区去行政化

社区去行政化是指通过减轻街道和社区居委会的行政色彩，减少当地政府对社区的干预。利用当地社区居民自主协调、自我管理，实现人、财、物的效益最大化，让社区自治的功能得到最大限度发挥，还原社区本来的定位。随着社会建设加快推进和社会管理创新的深入开展，咸丰县通过社区治理模式的改革，改变传统的政治管理体系，减轻基层社区管理机构的行政程度，使居民对社区事务的参与性和主动性得到增强，成为促进社区发展的主体力量。

二、唐崖镇治理总体规划目标

1. 发展定位、镇村性质及职能

唐崖镇的总体发展以打造"世界文化遗产地，咸丰县县域副中心，以发展文化观光旅游、自然生态旅游为主导的生态文化旅游特色镇"为定位目标。

在人口与城镇化方面，至 2020 年，唐崖镇总人口 4.0 万人，城镇人口 1.0 万人，城镇化率达到 25%。镇村等级规模结构方面，规划构建镇区、中心村和一般村三个等级。唐崖镇为镇区，中心村共 6 个，分别是燕子嵌村、钟塘村、大水坪村、龙潭坝村、小水坪村和双河口村。一般村共 31 个，是除中心村以外的行政村。

唐崖古镇作为全镇的政治、经济、文化中心，镇区性质为发展文化体验、生态旅游、商贸服务为主的全国旅游名镇。至 2030 年，达到镇区常住人口 2.0 万人，城镇建设用地 2.17 平方千米。镇村主要职能如下：镇区，是全镇的政治、经济、文化中心，集居住、旅游接待、商贸服务等功能于一体的综合服务中心。中心村，是镇域内一定区域的中心，建设商业网点、文化活动室、卫生室等设施，服务本村和周边一般村。燕子嵌村：以粮食，水稻、烟叶种植，旅游服务为主；钟塘村：以水稻、玉米、茶叶种植，农业观光旅游及旅游服务为主；大水坪村：以粮油、烟叶种植和畜牧养殖为主；龙潭坝村：以烟叶、水稻、茶叶种植，农业观光旅游及畜牧养殖为主；双河口村：以黄连、茶叶、粮油种植，畜牧养殖为主。一般村，建设为本村村民生产生活服务的配套设施，包括商贸点、卫生所、活动室等设施。

2．产业空间结构

形成"一心、两轴、四片区"的产业空间结构。"一心"即唐崖镇镇区为唐崖镇的综合经济中心。"两轴"为沿境内县道030和省道463形成的两条产业发展带动轴。"四片区"包括：以茶叶、烟叶、珍稀苗木种植，畜牧养殖为主的北部产业片区；以茶叶、药材、经果林种植，畜牧养殖为主的中部产业片区；以粮食、烟叶、蔬菜种植为主的西部产业片区；以生态旅游、文化观光为主的东部产业片区。

在空间结构与功能分区方面，目标是构建"一轴两心两组团多片区"和"组团式"的空间结构。一轴是指沿唐崖河、南河形成的镇区空间拓展轴。两心即旅游服务中心和综合服务中心。两组团是旅游服务组团和综合服务组团。多片区包括古镇风貌街片区、文化体验片区、遗址管理服务片区、传统村落展示片区、旅游开发片区、镇区服务片区和社区居住片区。

3．城镇基础设施规划

首先是道路等级和交通设施规划方面。道路等级分为主干路、次干路、支路共三级。主干路红线宽度为22米；次干路红线宽度为9—15米；支路红线宽度为7—15米。交通设施规划，首先是加油站规划，规划在省道463东西两侧分别新建1座加油站，占地为2 600平方米和2 300平方米。其次是客运站规划，规划在镇区服务片区新建一处二级客运站，占地19 600平方米。第三是码头规划，规划在遗址管理服务片区新建一处旅游码头，占地3 200平方米。

其次是绿地景观结构方面，规划以镇区山体为主要绿化屏障，以规划南河公园和红旗公园为绿地景观核心，以唐崖河、南河和青狮河两岸形成镇区主要绿化景观廊道，形成"两核心、三通廊、多节点"的绿地景观系统结构，充分体现唐崖镇打造山水园林城镇的特点。主要风貌元素从以下方面进行控制：

（1）景观节点控制

包括城镇入口节点、镇中心形象节点以及主要道路交叉口、广场、街头游园等节点。节点的控制应按照各自功能需求，配合使用带有"土家族、土司元素"的雕塑、小品等，以塑造地方风情特色景观。

（2）标志物控制

规划结合城镇主要道路交叉口，河流交汇处，视觉环境较好的位置建设标志性建筑，并对其周边建筑的风格、高度进行严格控制，以突出其视线焦点的作用。规划在唐崖河与南河交汇处控制标志性建筑或构筑物。该标志物应能体现唐崖镇区旅游服务中心的形象与视线景观效果。

（3）公共活动空间控制

规划在各居住组团、滨水区、城镇各主要入口、山体平台区等区域建设公园、广场等，既作为内部居民公共活动交往的空间，又作为对外民俗风情的展示区。

（4）天际轮廓线控制

充分研究城镇功能分区，提出不同高度控制要求，一方面塑造高低起伏、富于变化的城镇界面，另一方面体现山、水、城、天不同界线相互辉映的风貌效果。

（5）景观廊道控制

规划以唐崖河、南河和青狮河为骨架形成城镇主要景观廊道，结合沿线公园、广场等开阔空间，沿城镇干道网络系统打造景观廊道，从而使城镇绿廊向城镇组团渗透。

（6）"四线"管制规划

1）划定"城市绿线"以及管制措施。划定绿线，即现有和规划确定的公园绿地、居住区绿地、单位附属绿地、防护绿地、生产绿地、风景林地、道路绿地，以及规划区内散生林植被、古树名木等的保护范围界线。城市绿线范围内主要用作绿化建设，除市政公用管线、与公园绿地直接配套的景点、建筑小品、雕塑等构筑物外，禁止进行其他建设。因建设或者其他特殊情况，需要临时占用城市绿线内用地的，必须依法办理相关审批手续。在城市绿线范围内，不符合规划要求的建筑物、构筑物及其他设施应当限期迁出。任何单位和个人不得在城市绿地范围内进行取土采石、设置垃圾堆场、排放污水以及其他对生态环境构成破坏的活动。近期不进行绿化建设的规划绿地范围内的建设活动，应当进行生态环境影响分析，并按照《中华人民共和国城乡规划法》的规定，予以严格控制。

2）划定"城市蓝线"以及管制措施。本规划将唐崖河、南河、青狮河、红旗水库划入蓝线范围。"城市蓝线"范围内除允许建设市政管线、排水出口、水利设施等外，不允许擅自进行其他建设。"城市蓝线"范围内禁止进行下列活动：擅自填埋、占用城市蓝线内水域；影响水系安全的爆破、采石、取土；擅自建设各类排污设施；其他对水系保护构成破坏的活动。

3）划定"城市黄线"以及管制措施。本规划将加油站、消防站、燃气配气站、客运站、垃圾中转站、避难广场、停车场等城镇基础设施用地划入城市黄线范围。在城市黄线内进行建设活动，应当贯彻安全、高效、经济的方针，处理好近远期关系，根据城市发展的实际需要，分期有序实施。在城市黄线范围内禁止进行下列活动：违反规划要求，进行建筑物、构筑物及其他设施的建设；违反国家有关技术标准和规范进行建设；未经批准，改装、迁移或拆毁原有城市基础设施；其他损坏城市基础设施或影响城市基础设施安全和正常运转的行为；迁移、拆除城市黄线内城市基础设施的，应当依据有关法律、法规办理相关手续。

4）划定"城市紫线"以及管制措施。本规划将现状唐崖民族中学以长廊及所贯穿三栋老式建筑为中点，东南至建筑滴水外 5 米，西北至建筑滴水外 5 米，西南至建筑滴水 5 米，东北至建筑滴水外 10 米区域划入城市紫线范围。在紫线范围内进行新建或者改建各类建筑物、构筑物和其他设施，应当依照相关法律、法规的规定，办理相关手续后方可进行。在城市紫线范围内禁止进行下列活动：违反保护规划的大面积拆除、开发；对历史建筑传统格局和风貌构成影响的大面积改建；损坏或者拆毁保护规划确定保护的建筑物、构筑物和其他设施；其他对历史建筑的保护构成破坏性影响的活动。文物单位建筑控制区不得修建任何形式、高度、体量、色调等与文物保护单位环境风貌不相协调的建筑物或构筑物。此范围内的一切新、改扩建工程，其设计方案必须报县相关部门审查同意。

三、唐崖镇治理存在的问题及工作重心

1. 唐崖镇治理存在的问题

当前，咸丰县唐崖镇在生态环境保护和治理方面依然面临复杂的形势，还存在很多不稳定、不确定的因素，比如思想认识上的摇摆性、工作进展的不平衡性、污染治理任务的艰巨性等。

笔者通过分析 2017—2019 年的咸丰县政府工作报告和唐崖土司城遗址旅游开发规划，以及当地居民的参与度调查和相关反馈，可知当地政府虽然采取了不少积极有效的治理措施，然而在社区治理方面依旧存在着一些问题。

（1）社区职能得不到充分发挥

笔者通过文献研究法，对我国城市和农村地区的社区治理理论及治理模式进行了思考与研究。通过查找研读各种文献资料，网络检索相关社区治理理论、我国农村治理模式、少数民族文化、少数民族自治等相关内容，对咸丰县当下的社区治理情况进行了了解。

王霞在《浅析我国新农村社区治理模式》中指出，按照政府与社区的关系，现阶段我国农村的治理模式可归纳为三种，分别是行政主导型治理模式，合作治理社区模式和自治型社区治理模式。行政主导型治理模式由基层政府包办一切社区工作，包括政治、经济、文化、生态建设等等层面。新中国成立以来到改革开放初期，我国的农村治理一直是行政主导型治理模式。

徐铜柱《民族地区城市社区治理：特征、困境及对策》分析了恩施民族地区社区治理情况，他认为政府在社区建设中发挥着重要作用，但政府的过度干预又会使社区失去自治的本质属性，受传统惯性的影响，政府习惯于将非政府组织作为依附于自己的下属单位，直接干预这些组织的大小工作。政府、街道、居委会的管理职能界限模糊，责权不明，社区居委会被视为街道办事处组织的延伸，街道办事处常把自己的行政目标责任分解下达到各社区居委会，责令各居委会必须在一定期限完成任务。由于政府任务安排过多，居委会没有精力解决社区群众的实际困难，导致社区功能

难以有效发挥。

沈思言在《我国城市社区治理模式现状和对策》中提出，由于传统社会管理思想与模式的束缚，我国城市社区民间自治组织不完善，公民社会不成熟，社区民间自治机构普遍存在着责、权、利不统一的现象。

《今日民族》期刊指出少数民族社区职能有交叉重合，上层统筹不够，各政府职能部门互相间信息沟通不畅，工作衔接协调不够的问题。

以上问题都是基层社区管理中普遍存在的通病，在唐崖镇也常有出现，成为唐崖镇基层管理中存在的重要问题之一。

（2）社区管理不畅

笔者通过调查法和个案分析法，调查采访了解到唐崖镇社区存在着由于人力不足和文化差异，因而造成沟通交流较少、沟通不及时等问题。

唐崖镇是少数民族聚集地，受各族文化影响，社区相关负责人涉及民族传统文化方面的问题较多，社区管理不到位甚至得不到当地居民的信任。总的来说，造成此现象的因素主要来自文化的差异，但其中依旧有其他因素，如社区管理人员自身的工作态度和工作方式，居民心理诉求、生活习惯等等不同因素造成社区管理人员与居民沟通不到位。

（3）社区居民参与度不高

笔者通过实地考察、观察法，对唐崖镇当地居民进行走访调查，发现当地社区居民对旅游发展的参与程度普遍较低，社区主人翁意识较为薄弱。社区居民自觉参与社区事务的意识不强，大多是在遇到问题和困难的时候才向居委会求助，在日常生活中较少和居委会打交道。

（4）经济水平较为落后

由于唐崖镇属山区，交通与网络基础设施建设难度较大，经济建设持续发展难度大，发展受客观地理条件限制，当地的经济发展水平一直不高。虽以土司文化遗迹为中心发展旅游业，吸引游客，然而由于地理位置与知名度受限，当地经济发展水平较为一般。原本唐崖镇土司文化自成体系，有着独特的文化个性，但由于区域内基础建设程度较低、接待能力弱、地区整体经济水平不高及宣传力度不足等原因，导致唐崖镇土司文化一直未得到较好的传播，因而旅游业并未获得相当规模的经济效益。尤其在如今的新媒体语境下，唐崖土司遗址文化其实是蕴藏着较大的传播价值和传播潜力的，但是土司文化的传播优势在目前还未得到最大程度的释放，有待进一步开发和建设。

2. 唐崖镇治理工作重心

在构建社会主义和谐社会的伟大进程中，民族和谐是至关重要的一点，和谐的民族关系，是构建社会主义和谐社会的基石。营造和谐的民族关系，一方面符合各民族的根本利益，另一方面是各民族为之奋斗的共同目标和任务。

（1）发展民族经济，助力社会和谐

坚持以经济建设为中心，加快少数民族和民族地区经济发展。加快发展是解决民族问题、缩小民族地区与其他地区的差距、促进构建社会主义和谐社会的根本途径。我们要紧紧抓住实施西部大开发战略、建设社会主义新农村和支持民族地区加快发展的重大战略机遇，创新发展思路，推动民族地区经济社会更快更好地发展。

恩施各级政府应紧紧围绕经济发展这个中心，加强与社区的联系，坚持党的统一领导，大力发展银杏、烟草、高山蔬菜等为代表的特色农业。以土司文化、土司遗迹为中心大力发展旅游业，吸引国内外游客，逐步完成经济产业的优化升级。

（2）大力发展社区基础设施，同时改善地区生态环境

政府要重视唐崖镇的基础设施建设，与投资公司合作，为社区助力，解决旅游交通问题。近几年政府大力发展网络基础设施建设，这些基础设施的建设为数字经济的发展提供了强大的支撑。另外，也在逐步完善信访制度、信息公开制度，政府办事效率有了一定提高，社区联系得到加强。同时还要保护好唐崖镇的生态环境，抓好生态建设工作。

良好的生态环境是民族地区保持其经济社会合理、健康、可持续发展的必要条件，也是社会经济和其他方面良性发展的前提和基础。目前，有些地方的生态环境遭到比较严重的破坏，这在极大程度上制约了民族地区

经济的发展，影响了整体和谐社会的构建。当前，人与自然环境的和谐已经成为民族地区发展的一个战略性问题，一定要引起重视。要改变以浪费资源、牺牲环境为代价的粗放型经济增长方式，合理开发利用自然资源，改善生态环境，实现经济增长方式的根本性转变。

（3）尊重少数民族文化，注重少数民族干部的培养

民族地区一般蕴藏着丰富的文化资源，对此要加强保护和进行深入挖掘。保护和弘扬优秀的民族传统文化，要以民族地区丰厚的民族文化资源为依托，以提高少数民族的文化生活质量和繁荣社会主义先进文化为目标，强化优势，突出特色，为社会的发展和全面进步提供强大的思想保障和精神动力。

还要大力改善民族地区文化的基础设施，使民族文化遗存得到有效保护，进而形成具有鲜明区域特色和民族特色的当地文化。同时也要鼓励创新精神，发挥少数民族人民群众的创造力，激发民族文化创造活力。

注重对少数民族干部的培养，同时深入开展促进民族团结的宣传活动。要构建民族地区和谐社会，民族团结是重要保证。开展民族团结进步宣传活动必须深入地、广泛地、持久地进行，着力营造有利于民族团结进步的良好氛围。

具体来说，唐崖镇的社区城镇建设应注意保留当地特色建筑，而且要尊重当地婚丧喜庆风俗文化。另外，要根据三支一扶计划和少数民族高层次骨干人才计划，加快对少数民族干部的培养，一方面激发少数民族干部的积极性，另一方面使少数民族管理本地社区事务的能力得到增强。

总之，民族地区的和谐发展是构建和谐社会的基础，又是民族地区和谐社会构建工作中的一项重要内容。在当前的历史条件下，唐崖镇要促进自身的和谐发展，使民族和谐在构建社会主义和谐社会中发挥其自身作用，除了理论上要继续深化研究，还需要在实践中不断探索、创新，只有这样，才能进一步完善这一理论体系，才能更好地指导本地区的工作实践。

第二节　唐崖土司遗址旅游发展瓶颈

一、唐崖土司城址文物保护管理利用与旅游开发工作现状

位于咸丰县唐崖镇的唐崖土司城，始建于元朝至正十五年（1355），鼎盛于明朝天启年间，废止于清朝雍正时期的改土归流，共经历 16 代 18 位土司，将近 400 年。唐崖土司城址格局清晰，保存完整，为西南地区代表性的土司城址之一，对研究中国土司制度和土家族的历史文化具有重要价值。2015 年 7 月，唐崖土司城址与湖南老司城遗址、贵州海龙屯组成的系列遗产"土司遗址"成功列入《世界遗产名录》。

土司城遗址所在地唐崖镇及咸丰县生态环境优良，土家族和苗家少数民族风情浓郁，具有深厚的文化底蕴，另外，红色资源也很丰富。近年来，当地政府抓住"世遗唐崖"这一金字招牌，努力建设世界土司文化旅游目的地和国家全域旅游示范区，从实践中找到文旅融合发展的有效路径。

1. 着力推进职能融合

咸丰县委县政府将生态文化旅游产业作为拉动全县经济社会发展的三大引擎之一，重点打造文化旅游产业。

一是先后出台了《县人民政府关于加快旅游产业发展十条意见》《咸丰县创建国家全域旅游示范区实施方案》《咸丰县创建国家全域旅游示范区三年行动方案（2019—2021 年）》等一系列政策，以推进当地文旅产业的融合发展工作。

二是成立了由县政府县长任组长的县全域旅游发展委员会，发展委员会下设"食""住""行""游""购""娱"以及"美丽乡村"七个要素，并组成工作专班，县全域旅游发展委员会对各要素建设推进情况进行整体调度、督办，形成了上下联动、齐抓共管、区域协调并进的大格局。

三是按照融合发展要求，打破文化和旅游行业的边界，高标准完成县文体局和县旅游局的机构重组工作，成立咸丰县文化和旅游事业发展中心。

2．着力推进理念融合

围绕"宜融则融、能融尽融、以文促旅、以旅彰文"的理念，深度挖掘本地文化内涵，并将其融入全域旅游景观之中。主要做了如下几方面工作：

一是将文化元素植入旅游规划。按照"一心两核三组团"为龙头、美丽乡村为支撑的全域旅游布局，编制完成《咸丰县旅游业发展规划》《咸丰县全域旅游发展规划》，明确"世遗唐崖·森林咸丰"旅游形象宣传口号，全力打造生态休闲、文化遗产两大核心品牌，努力把咸丰打造成为全国知名的健康旅游目的地和国家全域旅游示范区。

二是以唐崖土司城开发主体为龙头，按照"一城一镇一公园、一路一廊一中心、一堤一坝一通道"的"九个一"建设思路，以 5A 级标准打造唐崖土司城址，使之成为全县旅游发展第一龙头和恩施州世界土司文化遗产地，进而带动容美土司城、施南土司城遗址遗迹的统一开发，形成恩施州境内完整的土司文化。

三是以唐崖土司文化产业园为龙头，加快打造严家祠堂口中国家训文化产业园、唐崖古镇、千户土家、忠堡大捷红色旅游教育基地等一批标志性文化工程建设项目。

四是讲好咸丰故事。出版唐崖土司城址历史题材小说《凤鼎唐崖》一书，编排一台南剧小戏到景区驻场演出。

五是高质量推出"一歌一剧一电影"。其中，以唐崖土司城第十六代土司覃鼎之妻田氏夫人为原型创作的南剧《唐崖土司夫人》作为湖北省唯一受邀展演剧目，于 2019 年 4 月 18 日亮相中央民族剧院。

六是重点打造"唐崖土司文化旅游节"等节庆文化品牌。

3．着力推进产业融合

一是积极推进旅游景区品质提升，加快推进坪坝营 5A 景区创建和唐崖土司文化产业园 4A 景区创建,重点打造文化遗产、生态休闲两大核心品牌。

二是紧密围绕"世遗唐崖·森林咸丰"的旅游形象口号,创建唐崖文化公共品牌,推出了以"唐崖茶""唐崖米""唐崖油"等为代表的"咸丰有礼"富硒养生旅游系列商品。加大对民族服饰、饮食、建筑等文化"软实力"领域的研究开发,培育土司皇宫绣品、何氏根雕、土司夫人哂酒等特色商品,打造极富土家族文化和土司文化特色的旅游文创产品。2019 年 6 月 18 日,"咸丰有礼"系列旅游商品在咸丰余杭产业园"咸丰生态文化旅游特色商店"正式发售。

三是加强全县旅游精品线路中特色村落、田园、民居、山水、文物、民俗、农耕文化等自然文化资源的融入,推出生态山水游、民俗风情游、特色美食游、遗址古迹游、农业体验游、乡村休闲游、古村古镇游、体育赛事游、观光采摘游、避暑度假游、康体养生游、营地烧烤游等系列文化旅游产品。

4.着力推进服务融合

一是完善咸丰县城旅游集散功能,完成县城四个出入口改造、人行道改造、洗车场、停车场、城市广场及城区重要节点绿化等建设。

二是拆除县城区主干道、次干道乱搭乱建的违章建筑及破损、违规的广告牌,完善标识标牌,建立长效管理机制。

三是加强县内旅游公路网络建设,提升旅游村寨公路通达质量,加强景区间及景区内部的游客步道、电瓶车道和索道建设,建立旅游绿道体系,打通城乡之间、景区之间的生态走廊。

四是不断完善旅游饭店、旅游宾馆、旅游厕所等配套服务设施的建设,积极探索旅游厕所社会化、市场化管理新模式,确保厕所建管一体化。

五是积极推进新全民健身工程,投入 3 250 万元,新建 163 个村级文体广场和运动健身中心。

六是全力推动文化市场综合执法队伍整合,充分发挥12318、12301 等公共反馈平台的作用,及时、有效处理文化旅游市场的投诉事项。加强对景区景点、宾馆饭店、旅行社等场所的动态督查和常态管理，提高综合服务质量和水平。

七是加强行业从业人员培训，提高从业人员的服务意识和服务能力。2018 年开展文化旅游系统业务培训达 741 人次，在襄阳市湖北文理学院成功举办了 2018 年全域旅游专题培训班，全域旅游示范区创建相关单位的负责人、各乡镇旅游分管领导、美丽乡村建设重点村、重点涉旅企业等 50 名学员参加了培训。

咸丰县人民政府与恩旅集团已于 2019 年 1 月 18 日正式签订《咸丰唐崖民族文化旅游区开发合同书》，恩旅集团于 2019 年 4 月 20 日完成对土司城址的公司收购。唐崖老集镇改造及集镇至夫妻杉公路改扩建项目、夫妻杉周边旅游配套设施建设已经全部完工，"九个一"项目规划设计、用地申报审批、项目组织实施及土地征收等工作稳步推进。麻球场游客接待中心委托国家级的建筑历史研究机构进行规划设计。唐崖古镇土司文化产业园的形象概念以及黄家坝沿河两岸首开项目，引进专业的设计团队到唐崖实地考察进行规划设计。

二、唐崖土司城址旅游发展面临的瓶颈

1. 旅游配套设施薄弱，旅游基础急需加强

在遗址保护管理方面，唐崖土司城址已经体现出世界文化遗产的水平，然而旅游配套设施依然较为薄弱，基础设施还不够完善。公共卫生、停车位、旅游标识设施投入明显不足；餐饮、住宿等业态提供差异化服务的能力不足，有待进一步加强，尤其是在满足高层次文化旅游、养生休闲需求方面，仍需加大投入力度。对照《旅游景区质量等级的划分与评定》（GB/T17775-2003）关于 4A 景区或 5A 景区的标准，唐崖土司城址有关旅游配套设施建设依然存在较大的发展空间。

在新的时代环境下，文化旅游基础设施涵盖的范围正在逐渐变广。传统意义上的旅游基础设施可能就是指交通业、餐饮酒店业，现今也包括融

入了新技术手段的旅游信息化基础设施等。唐崖镇乃至咸丰县的旅游基础设施建设还存在很多问题，因为缺乏完善的配套设施，导致文化旅游业发展受到了很大的限制，即使是在湖北省内也没有成为大多数人选择的主要的旅游目的地。

2．旅游投入机制单一，市场主体活力尚需强化

发展文化旅游产业是一个多方面的系统性工程。要使文化旅游产业的价值得到充分的发挥，就必须以文化为底蕴，围绕文化活动、观光服务及历史文物景观为核心，做好多方面的建设工作，在这一过程中必然需要大量的资金投入。我国目前文化旅游发展的主要资金来自政府投入，民营资本介入不足，导致文旅产业发展资金不足，融资渠道较为单一，在一定程度上制约了文化旅游业的长远发展。

唐崖土司城址保护与利用的投入机制单一，主要依赖于财政投入，其中，中央转移支付资金 10 744 万元主要用于文物保护与展示项目，省级文物保护专项 860 万元主要用于唐崖土司城址日常保护，而申遗过程中对唐崖土司城址周边规划的提档升级、过境交通体系的完善、核心区农户的集中安置、沿线民居的特色改造、园林绿化的重新设计等，均由咸丰县财政落实。与此同时，旅游资源开发、建设、管理职能分散在多个行业和部门，涉及多部门的政策资源统筹协调，政府主抓、部门协作、上下联动的工作格局尚未形成，各种政策措施之间缺乏衔接，也制约了唐崖土司城址的文旅融合发展。

3．旅游产品创新乏力，品牌吸引力亟待提升

目前唐崖土司城址以遗址观光为主，旅游形式比较单一，可体验参与的其他类别的旅游产品还不够丰富，具有一定品牌影响力的参与性、体验性、趣味性较强的文化旅游产品不多；旅游商品研发深度不够，旅游商品市场不成规模；营销意识不强，经营主体普遍对宣传营销的重视程度不够，基本上处于封闭经营、依靠口碑营销的状态，没有形成宣传声势和独特的品牌效应，对广大游客缺乏足够的品牌吸引力。

三、文化旅游产业的问题分析

与国内一些先进的地区相比，咸丰唐崖的文化旅游产业发展还存在诸多桎梏，表现为观念和创新的落后、产业结构不够合理、配套服务不完善、景区策划宣传不足及经营管理体制不健全等问题。

1. 发展观念落后、创新乏力

旅游产业目前还未建立起大市场、大服务的发展理念，对资源的依赖性强，对文化旅游产业发展规律的认识还不够充分，缺乏创新力度。

具体表现在：一是对市场规律认识不足，将市场优势简单地理解为资源优势，统筹规划性不足，欠缺特色。对当地历史文化和民俗民风挖掘不够，现代技术手段运用很少，整体还是一种粗放式的旅游开发模式，未能打破地区内部壁垒进行统一开发，导致湖北省内相似资源的产品开发雷同，产品缺乏特色，吸引力差。如恩施土司城、恩施女儿城与唐崖土司城的开发就存在不少雷同、重复之处。二是片面追求和依赖门票经济，对体验经济和旅游服务特性的认识不足，缺乏协作和创新意识，未能将产品和服务融为一体，对配套设施的完善和服务水平的提升的重要性认识不够。

2. 产业结构不合理、景区经营管理体制不健全

文化旅游产业结构不合理，主要表现在细分产业的比例不协调，企业规模偏小、产业集中度偏低等方面。具体而言，细分产业比例不协调也就是在吃、住、行、游、购、娱这旅游六要素中不能齐头并进，存在明显短板，尤其是购物、娱乐要素发展不足，缺乏有吸引力的特色产品，不能形成有效的消费拉动。还有一个问题就是游览要素的信息化不足，新技术手段运用不够，在利用大数据分析的营销领域十分薄弱。此外，企业过分依赖现有资源，缺乏足够的竞争意识，粗放式的发展模式导致各类企业规模小，服务标准不统一，服务质量不平衡，产业集中度偏低，规模经济不足，产业竞争力较差。

文化旅游产业还存在景区经营管理体制不健全的问题。旅游景区经营

模式可分为三类：企业经营管理、政府管理企业经营和政府专营。政府专营模式的景区往往存在重资源轻配套的弊端，即使是企业经营，也容易存在政府监管不足和过度商业化等现象，拥有现代企业管理模式的景区很少。有相当一些景区是地跨多个行政区域，拥有多种分属不同部门的旅游资源，导致管理上条块分割，有效协调性不够。

3．景区策划及宣传不足、资源优势难以转化

文化旅游资源开发不够。咸丰地区拥有丰富的文化旅游资源，但目前尚未得到充分的挖掘。另外，还存在着一定程度的区域发展不平衡及规划不当等问题。

跟一些旅游业发达的地区相比，文化旅游宣传工程相对薄弱，对整体形象、特色景区的宣传力度存在明显不足。缺乏科学详尽的景区策划和旅游规划，低水平重复开发现象严重，多数是以资源为主的旅游开发模式，缺乏市场活力和盈利能力。宣传方式单一、宣传力度小，这是资源优势难以转化为市场优势的重要因素。咸丰地区目前的旅游业在很大程度上仍然依赖电视广告、出租车广告等相对传统的宣传方式，新媒体如动漫宣传、抖音网红、互动式宣传等创新方式运用不够。要扭转文化旅游的整体形象，就必须加大资源整合力度和多方式宣传力度。

4．从业人员不足、服务水平不优

唐崖文化旅游产业设施配套不足，服务水平不高。在文化旅游六要素中，购、娱要素属于显著薄弱环节。非物质文化遗产的艺术和制作工艺未能很好地运用并渗入产业，导致纪念品缺乏特色，品质不高。娱乐项目单一，大型综合娱乐场所少，缺乏优秀的娱乐演艺产品。在"行"方面存在景区间连接不畅，道路等级低，公共旅游专线不足，交通标识有待完善等问题。尤其在偏远山地条件下各景区间比较分散，急需高铁、航空等相对高端交通方式的支撑。在"游"的方面，景区设施还普遍存在重建设轻维护、重数量轻质量等问题。

从业人员普遍素质不高，服务意识不强。游览要素的信息化程度偏

低，信息系统、免费 Wi-Fi、智能监控等软硬件配套不足，旅游企业的信息化利用和服务意识不强，信息化建设呈现协同不足、保守被动、时效性差和分布不均衡的特点，运用大数据进行研发、管理、营销的意识和力度不足，移动端旅游营销水平整体不高，市场反应迟钝。

在餐饮、住宿方面整体接待能力偏弱。一是酒店数量不够，远远不及广东、浙江等发达省份，就算与周边省份相比，也处于一定的发展劣势。二是特色化和品牌化发展不足，除了个别运行较好、知名度较高的星级品牌酒店外，其他经济型酒店品牌的入驻还不够。经济型酒店和特色民宿数量少且分布不均衡，不能满足市场需求。

四、文化旅游产业发展的对策建议

新时代背景下，文旅业的开发也应该与时俱进。旅游开发的重点应从大体量重资产的景区投资转向隐形资产的挖掘方面，尤其是要更好地开发思想、文化、艺术、科学、技术等，这些隐形资产对文旅业的发展具有巨大的推动作用。所以，要推动深度融合的新时代文化和旅游产业向前发展，着重应在以下一些方面发力：

1. 转变价值观、资源观，推动产业创新发展

粗放型的发展方式形成了旅游产业发展的困境。市场对文化旅游的品质要求越来越高，在这种挑战下，文化旅游产业急需树立创新发展理念，改变落后的发展观念，遵循旅游市场的发展规律，重视旅游的科学规划和策划，注重研发和营销，依靠创造性要素的推动，来提高旅游产业的竞争力。

第一，对文化旅游研发端的重视性要加强。充分挖掘文化旅游资源，结合高科技和文化创意手段的运用，加大资源文化的整合力度。综合运用文化旅游新业态、新模式和丰富的土家族文化资源，解决好特色文化旅游活化及形象定位等问题，打造高品质的文化旅游产品，推进产业融合及产业链加快整合。举例来说，如果古建筑类旅游资源丰富，那么可结合 3D 打

印技术制作古建筑模型并进行现场制作互动，也可利用此技术开发一些趣玩半成品和特色纪念品等等，通过多种方式增加旅游地的吸引力。再如，依托丰富的文物旅游资源和商业娱乐体系而推出的土司城城游，既能观光体验，又满足了娱乐、购物的需求。

第二，做好文化旅游营销端的工作。旅游专项基金要落实到位，围绕世界遗产、特色山水、古建宗教场所等，打造重点旅游景区和重点旅游线路，细分旅游市场，策划精准营销和高质量推介活动。除传统宣传方式外，还应借助互联网和新媒体，通过打造文旅 IP、图书出版、影视传媒等多种方式增加营销触点，大力宣传环境保护和环境美化，提升旅游地的整体形象。

第三，要纵深拓展旅游资源观的内涵。立足自然及人文文化等旅游资源，在此基础上还要大力发展购、娱等薄弱配套产业，构建旅游消费新的经济增长点，形成新的旅游发展资源，并成为现有旅游产业的有力支撑。购、娱等产业将文化旅游与市政设施结合，将商业综合体和文化产业实现了完美融合，对文化旅游和城市发展有显著的支撑力。

2. 加强基础投入，发展配套产业，提升服务水平

在社会转型发展的历史机遇下，要加强对文旅产业基础设施和配套产业的投资力度，提高社会投资和政府投入水平，提升服务配套的品质。

加强旅游交通、餐饮住宿及景区公共服务设施等硬件建设，可通过加强政府补贴，加大金融支持力度等方式，鼓励社会资本以多种方式进入到景区硬件的维护和建设上来。另外要加强职业素质培训，注重对高素质人才的引进、培育等，做好软件设施的建设和维护。开展专业性、有针对性的培训，倡导先进的发展理念，建立产学研用一体化的人才培养模式，培养文化旅游产业专业化人才；创建人才库，将高素质专业人才纳入各类人才工程，加强人力资源对文化旅游产业的推动。

发展购、娱等配套产业，可以通过开发主题公园和发展旅游演艺项目等实景娱乐，将分散的文化旅游资源转化为旅游地和文化建设的结合。通过选取特定的主题，结合文化创意、文化旅游景观、器械娱乐、IP 科技、

影视动画等多种手段，提升娱乐消费流量。借鉴好的文创发展模式，建立主题产业园，支持文化创意企业的集聚发展。在股权激励和加强知识产权保护的基础上，聚集人才、聚焦创意、聚合流量，深挖景区非遗技艺及文化内涵，形成线上、线下一体化的 IP 效应。

完善各种配套设施，提升文旅融合发展的硬实力。要参照世界水准，加快遗址博物馆或展示馆、旅游集散中心的设施建设，包括游客服务中心和公共文化服务的建设，健全文化旅游基本设施体系。丰富民族特色饮食，完善旅游地周边的酒店体系。建立完善的交通路网体系，加快唐崖景区与周边等级公路的连接，使旅游路线得到合理布局。建立志愿服务体系，在游客集中区域、景区主要出入口发放旅游指南，提供旅游咨询服务，维护旅游秩序。建立基于移动互联网的旅游信息体系，逐步形成传统渠道和手机 APP、微信等新媒体渠道相结合的服务体系，健全公共信息网络，提供旅游公共产品和设施、旅游救援和旅游投诉等方面的咨询服务。

另外，还要进一步整合外宣资源，形成全方位、立体化、上下联动、部门联合的文化旅游宣传体系。统一旅游文化形象品牌，提炼宣传口号，一方面利用机场、车站、出租车等传统广告方式进行城市文旅品牌宣传，另一方面利用微博、微信、短视频等新媒体方式加强传播，总之，利用各种传统媒介和新媒体媒介，加大对文化旅游品牌和景区的营销、推介力度，并形成线上线下的良性互动，增强旅游地的吸引力和知名度。

3. 深化体制改革、优化产业结构、增强结构推动力

深化文旅产业体制改革，就是要建立起以市场为核心的经营管理体制。要进一步理顺景区各种经营管理体系，明确责权关系，建立统一的领导协调机构，充分发挥市场化和企业化运营的积极作用，加强全方位的监督和管理。

优化文化旅游产业结构，就必须协调好各细分产业的市场比例，解决旅游市场长期以来存在的企业规模和结构过小导致整体服务质量无法提升的问题。通过协调细分产业比例，来提升薄弱环节，优化、协调旅游各要素的发展水平。具体可针对购物娱乐的薄弱环节，重点开发具有市场潜力

和当地文化旅游特色的旅游商品，加强对特色娱乐项目的策划，不断增强购物和娱乐在旅游消费中的推动作用；提高特色旅店和特色餐饮服务能力及产品创新，优化主打产品，提升营销模式，实现规模化经营；做好信息化采集与数据分析，通过与旅游电商企业的深度合作，建设完善的旅游信息平台，注重大数据分析人才的培养和储备，重视移动端的营销应用，确保实现资源共享和信息整合。优化文化旅游企业的规模结构，通过兼并整合规模不够、活力不足的小企业来建立集约型大企业，对产品、资源和服务进行集中整合，提升整体消费层次；建立集群品牌化经营方式，在技术和管理方面不断创新；整合金融资源，发挥金融聚集的优势作用，对产业形成有效促进。

4. 加强招商引资，激活市场主体

在文化旅游融合发展大趋势和旅游消费升级的大环境下，要通过多种渠道筹集建设资金，加快融资进程。做到专款专用，提高旅游建设资金的比重。积极引入外来资金，支持旅游企业的良性发展，对旅游开发商给予一定政策上的支持，合理地降低旅游开发项目的税收。

以市场为导向，加快旅游管理体制的改革，优化旅游发展的各种软硬件环境，挖掘旅游产业投资潜力，在当地形成具有足够吸引力的理想投资环境。构建由政府引导，以企业为主体，以金融支持为后盾，按市场规律运作，全社会共同参与的文旅产业格局，鼓励各类市场主体平等参与市场竞争，促进各类生产要素的充分流动。同时要丰富景区业态，注入文化、康养、体育、教育等多种元素，推动文化旅游和各基础产业全链条深度融合，持续提供高质量文旅产品，满足个性化多层次的旅游市场需求；在景区内设置茶室和休闲吧，集中规范纪念品、土特产等产品的售卖，提升游客休闲购物环境，做好服务工作。

5. 加大政策扶持力度，构建大产业体系

文化和旅游从性质上同属于人类精神需求范畴的消费内容，推进旅游产业和文化的融合，政府要做好政策引导和加强规划，给予文旅产业和企

业一定的优惠倾斜政策，充分释放文化和旅游产业结合的红利。

首先是文化和旅游部门的融合。我国在 2018 年底前完成了全国各省、自治区、直辖市和新疆生产建设兵团的文化和旅游部门的融合；在 2019 年底前对全国省、市、县三级文化和旅游行政部门进行了全面融合，在制度上与中央的顶层设计保持一致、紧密结合，形成文旅产业从上到下统筹发展的格局。

其次，加大宏观调控作用，引导全域旅游的发展。结合《中共中央 国务院关于实施乡村振兴战略的意见》，坚持以文化和旅游业为主导，加快形成多种新的旅游业态和旅游产品，在全社会层面共同构建文旅大产业体系，不断提升文化产业的附加值，使文旅产业链条向上游、下游延伸，不断拓展文旅产业发展的新空间。

6. 创新融合体系，实现文化和旅游无缝连接

要结合本地区的区域优势和文化特色，创新融合体系，构建更具内涵的特色文化旅游项目，注重打造旅游精品项目。要协调好区域之间旅游产业的融合发展，中华人民共和国文化和旅游部对省、市、县三级文化旅游部门进行统一管理，为区域之间的协调提供了制度和政策保障。要完善营销战略，加大宣传力度，推动旅游热潮的兴起。

要掌握文旅产业百姓的需求点，在资本规范接口的基础上，策划开发出更多与上下游需求兼容的文化旅游产品。采取既能够满足百姓旅游需求，又能与旅游投资相匹配的开发手段，能更快更好地推进文旅产品的创新开发，推动文化产业的规模化发展。

7. 传承中华优秀传统文化，丰富融合发展新形式

旅游产业不仅可以直接带来经济的发展，还可以有效地保护和传承传统文化，是促进传统文化发展的有效途径，在传承和弘扬中华优秀传统文化方面起着特殊的作用。要从传统的、单一的旅游模式中跳出来，不断丰富新的旅游模式，注重弘扬特色文化，注重物质文化与非物质文化的有机结合和融合发展。例如，开发红色旅游模式，弘扬革命精神；开发民俗旅

游模式，传播中国优秀传统文化；开发田园风光旅游模式，展示祖国大好河山的魅力……这些多样化的旅游模式，既可促进旅游产业的发展，又能够推动中华优秀传统文化的保护和传承，是文化和旅游产业的融合创新方式，能带来经济和社会的双重效益。

土家族文化是咸丰唐崖乃至整个恩施地区的特色文化宝库，土家族民俗文化丰富，要结合当地实际，加快开发民俗活动旅游、民间工艺体验旅游等多种模式。做好传统民间艺术的保护和传承工作，寻找传统工艺和现代生活的结合点，促进传统工艺品质的提升，形成文化品牌，走上产业化发展道路。坚持对文化旅游品牌的打造，同时要注重知识内涵和文化底蕴的发掘，满足人民群众日益增长的多元化消费需求，构筑全方位、多元化、立体的、丰富的文旅融合发展新形式。

8. 促进文化交流与传播，用文化和旅游讲好中国故事

随着时代的发展和全球融合的加快，旅游正在成为跨文化交流的重要载体。随着各种文化旅游交流年、国际出入境旅游和主题旅游年等活动的开展，旅游已经成为我国对外文化交流的重要方式。如我国曾经举办过的"中俄旅游年""中丹旅游年"及"中美旅游年"等，都是重大的文化旅游交流活动。这些跨文化交流活动都以旅游为平台和载体，一方面能刺激文化旅游产业的发展，另一方面推动着中国文化走向世界，加快中国优秀文化在世界的传播，提升中国的国际影响力，有助于塑造良好的国际形象。

结合咸丰唐崖目前的旅游现状，要以树立武陵山区文旅标杆为目标，注重唐崖文化形象的整体提升。可以现在的土家族小镇为基础，进一步优化山地和田园的综合体结构，促进"三产"的深度融合，并集聚文化、人才、科技、项目等要素，加快建设现代化特色小镇。文化是旅游的核心要素，注重发展文化性商业和文化型产业。要以特色文化为指导，结合丰富的文化生活内容和产品，做好文化旅游多样化业态的规划和开发，形成独具特的旅游度假目的地，打造环保自然、绿色生态的度假产品和文化旅游产品。利用当地丰富的土家族文化风貌，打造健康养生度假目的地和山地田园风度假休闲目的地。以家国情怀为灵魂，深度挖掘唐崖土司城的文化内

涵,融合当今各种新型旅游体验形式,提升当地的旅游度假整体品质和品位。

9. 在技术、资源、市场、产业上进行深度融合

在技术融合方面,要突破原有的技术和工艺流程,注重对现有的技术进行创新,减少对同质化技术的利用,要消除技术壁垒,形成共同的技术平台和基础。

在资源融合方面,旅游资源与文化资源看似不同,其实具有较大的重合性,并没有明显的分界线。在全球产业融合的新时代,要打破成规,坚持不断地进行创新,要有效地整合、利用最新的开发技术,既保护有形的文化资源,又使非物质文化得到传承和弘扬,吸引更多旅游主体,实现文化保护和产业发展的共赢。

在市场融合方面,要通过共同品牌的培育、资本的整体运营以及市场的整合创新等方式,来推动文化和旅游产业的深度融合。

在产业融合方面,要集合优势产业,支持文旅产业大集团的形成,使之发挥旅游产业领头军的作用,成为文旅产业融合的重要载体。另外要大力发展文化旅游业、娱乐业、动漫业及文化会展业等,形成产业合力,推动文旅融合大环境的建立。

第三章　世界遗产地保护利用与社区生计间的问题

　　一个国家和民族的文明代表着一个国家和民族从古至今共同的记忆。中华文明源远流长，给我们留下了丰富的文化财富，这是我们建设文化强国的珍贵资源，也为促进文明交流学习提供了坚实的基础和丰厚的平台。如何更好地保护好世界文化遗产，更好地推动文明交流是当今时代一个重要的课题。

　　在旅游发展热潮的推动下，旅游业不知不觉中已经成为当今国民经济一个新的增长点。各地发展旅游的积极性很高，旅游开发活动相继开展。各地的旅游活动促进了旅游行业的发展，一方面带动了当地经济和社会的快速发展，在另一方面却不可避免地给当地社区带来了诸多问题，如生活成本上升、人口结构变化、环境恶化、社会文化干扰等。另外还存在着治安不稳定因素增多、旅游收入分配的不公平等，严重地制约了旅游业的进步。

　　在旅游开发中处理好旅游发展与社区发展的关系，使二者相互促进，和谐发展，有助于建立良性循环的旅游业态，推动旅游产业的可持续发展和健康发展。

第一节 世界文化遗产的保护与利用

一、世界文化遗产的概念与由来

1. 世界文化遗产的由来

联合国是世界文化遗产的发起组织，执行世界文化遗产国际公约建制的是联合国教育科学文化组织。从文化保护与传承的角度来看，对世界文化遗产的保护与传承是一项十分艰巨的任务。世界文化遗产并不是仅仅归属于某个国家，而是位于世界遗产范畴。世界遗产具体包括三种类型：世界自然遗产、世界文化遗产以及世界文化与自然双重遗产。世界遗产的认定需要由国际文化纪念物与历史场所委员会等非政府组织对其进行一定的甄选、管理和保护工作，这一组织属于联合国教科文组织的协力组织，保护好世界文化遗产是他们的工作职责。

1972 年在世界文化遗产总部巴黎通过了《保护世界文化和自然遗产公约》，同时成立了联合国教科文组织世界遗产委员会。该公约和组织的宗旨是为世界各国人民之间的交流合作提供沟通的桥梁，并且在保护和恢复全人类共同遗产方面做出积极的努力。

在 20 世纪 50 年代末期的时候，埃及政府做出了花费巨资修建阿斯旺大坝的决定，但是这一工程的后果可能是尼罗河谷里的珍贵古迹被淹没。鉴于此，联合国教科文组织在 1960 年制定了一个详细的行动计划，称为"努比亚行动计划"。该计划的内容是先对阿布辛贝神殿及菲莱神殿等古迹进行分解，分解之后从尼罗河谷运到高地，再在新地址上进行重新组装。此后，联合国教科文组织与国际古迹遗址理事会协商沟通之后，决定起草一份有关人类文化遗产保护的协定，于是 1972 年倡导并产生了《保护世界文化和自然遗产公约》。

该公约规定，各缔约国负责对本国范围内的文化和自然遗产进行申报，然后由世界遗产中心组织权威专家进行仔细的考察和充分的评估，在此基础上再由世界遗产委员会主席团会议进行初步的审议，最后由该公约的各个成员国通过大会投票的方式决定。投票通过并列入《世界遗产名录》的就被称为世界文化遗产。

由政府之间组织形成的联合国教科文组织世界遗产委员会，有二十多个成员国参加，一年当中只召开一次会议，主要工作内容就是讨论决定《世界遗产名录》应当录入哪些遗产，并且对于已经列入名录的世界遗产进行严格的监督和指导工作。世界遗产委员会主席团通常情况下由七名选举出来的成员国担任，主席团每年召开两次重要的会议，对世界遗产委员会的工作进行筹备和指导。

2．世界文化遗产的审批标准

并不是所有的文化遗产项目都会列入《世界遗产名录》，列入其中的文化遗产项目都具有一定的标准：该遗产项目必须是极具创造性的，并且代表着某种特殊的艺术成就；在某一个特定的时期范围内或者是世界的某个区域中，该遗产对人类的某一文化领域曾经产生过重大的影响；可代表人类文明发展的某一阶段，或可作为某种艺术形式的杰出范例，等等。只有达到其中的一项或者多项条件，才有可能获得最终的审批。

在申请流程上，首先，一个国家必须花费一定的时间与精力将本国一些具有价值性的文化和自然遗产以目录的形式展示出来，并且需要将其提交给世界遗产中心。之后国际古迹遗址理事会以及自然资源保护联盟这两个机构会对所提交的名单进行详细的审核，同时也会出具相应的评估报告，再由世界遗产委员会做专门的评判。但是偶尔为了确保评判结果的公正性，委员会会让提交报告的会员国提供更加详细的遗产信息，确认会员国符合所有标准之后，才会宣读最终的结果，否则该国将会失去申请提名遗产地的机会。一处遗产要想被列为世界遗产，那么就必须满足公约所制定的标准条件。

"有形"的文化遗产才是世界文化遗产，所以一定要将其与联合国教科文组织的"非物质文化遗产"区分开来，古代文物、古代建筑群以及古代遗址都是世界文化遗产的类型。从历史、艺术或科学角度评估，具有普遍价值的建筑物、雕刻或者是绘画及具有考古价值的碑文、铭文、古代洞穴等各类综合性的文物都属于文物的类型；从历史、艺术或科学角度评估，在建筑式样、分布结构或与环境景色结合方面具有突出的普遍价值的单个建筑或相连的多个建筑群，属于古代建筑群的范畴。而从历史、美学或者人类学的层面来看，遗址都必须要有普遍的价值，可以是具有突出特点的人造工程，也可以是人与大自然的共同杰作。只有属于上述之一者，才可列为世界文化遗产。

二、世界文化遗产的终极价值和意义

进入 21 世纪之后，世界遗产委员会对世界遗产的申报做出了这样一个规定：每一年一个国家仅限一项提名，最后又结合实际情况做出了相应的优化和调整：一个国家每年可以具有两项世界遗产的提名资格，但是有一个要求：在两项世界遗产当中必须有一个属于自然遗产项目，并且规定，世界遗产委员会每年接受的世界遗产的申请数量限于四十五项。

从这些决定当中可以看出联合国教科文组织已经把《世界遗产名录》当作一种重要的遗产保护手段。从另一个层面来看，这也意味着进入 21 世纪以来，各个国家都意识到了世界遗产申报的重要性，所以近年来有不少国家都具有较高的遗产申报积极性。实际上，从经济学的角度进行分析就可以找出这一现象出现的根本原因。《世界遗产名录》的价值并不会在所有的时间展现出来，但是当出现高涨需求的时候，《世界遗产名录》所具有的全部价值就会显示出来，也正是因为其具有独特的价值，无论是各国中央还是其他地方政府都急于为本国或本地区的文化遗产申请到这一极具分量的称号。

1. 世界文化遗产旅游是一种特殊的生活方式

从现阶段来看，世界旅游业普遍存在一种情况：一些国家利用世界遗产的特殊价值促进了本国旅游业的大力发展。通过广泛的调查发现，实际上大量游客涌进遗产地进行参观与该遗产被列入世界遗产名录的原因是分不开的。曾经有统计数据表明，在 1998 年世界上总共有五亿人参观了五百多个世界遗产地，特别是在美国、加拿大以及新西兰这几个比较发达的国家，接待的游客数量数不胜数。世界遗产与旅游业的发展有着极为密切的联系，所以具有世界遗产地的国家的旅游业会比其他国家发达，世界遗产成为这些国家和地区获取经济收益的来源。实际上除了政府拨款，旅游收入也是国外一些国家进行文化遗产地保护的一项重要的资金来源，比如人们所熟知的埃及金字塔就是一个十分典型的例子。所以重视文化遗产的保护对于一个国家的旅游业发展来说是非常重要的。

2. 世界文化遗产是现代人的精神家园

世界文化遗产不仅仅具有市场层面的价值，同时世界文化遗产的出现可以引导人们了解其中蕴含的历史文化及其所富有的精神价值。在第二次世界大战结束之后，一些国家和地区要进行灾后重建工作，进行了大规模的住宅建设，在整个过程当中不可避免地会加快欧洲一些国家中历史建筑物消失的速度，因此，当地所处的历史环境遭到了严重的破坏，自然而然会割断城市历史之间的联系，那么国家所具有的特色就不复存在，导致后续出现了大量发展方面的问题。人们也逐渐地意识到了破坏历史建筑所产生的后果，懂得了只有保护好文化遗产才可以更好地构建现代人类的精神家园。人们在保护文物建筑的同时，也开始意识到全面保护城市当中旧城区的重要意义，有一些国家开始重视对于成片历史街区的保存，他们希望后人可以了解这些旧城区的历史故事，以确保城镇历史的连续性记忆。

3. 世界文化遗产是民族认同的终极表现

近年来我国旅游业的发展步伐明显加快，人们对于世界文化遗产的热情也持续高涨起来，一个主要原因是人们具有迫切地想要寻求民族身份特性的需求。在全球化快速发展的整个过程中，对于一个国家来说，无论是经济还是文化方面都会受到一定的影响，因此全球化趋势也成为推动世界各民族密切联系的一个枢纽，从而在世界范围内创建了文化资源共享的局面，但是文化资源的共享并不等同于文化价值的趋同。因此人们在遵循文化相同点的时候，也在努力找寻不同文化之间的差异性，并在同质化进程当中保证一定的异质化进程。所以人们就需要从寻找本土文化根源入手，向世界各族人民充分展现本土文化的独特价值，从而增强一个国家或民族的自豪感和自信心，这便是世界文化遗产承载的历史价值所在。

总而言之，保护世界各国优秀的历史文化是世界文化遗产设立的初衷，因此无论是对于具有悠久历史的世界文化遗产，还是具有新鲜血液的世界文化遗产，都需要实施一定的保护策略，一个国家和民族多元化的文化艺术形式都可以在世界遗产当中有所体现，并且，对于国家和民族来说世界文化遗产的设立就是该国家历史成就的标志。

三、国外文化遗产的保护与利用

1. 意大利：通过文化遗产保护铭记历史

众所周知，永恒之城是对罗马最为贴切的称呼，随着时代的发展，罗马在不断变革的过程中仍然保持着专属的历史中心区，不仅有着古罗马广场的遗址，而且留下了带有浓厚历史痕迹的墙体。除此之外，一些从文艺复兴时期保留下来的狭窄街道也记录着历史变更过程中罗马城市的发展。罗马城里所遗留下来的砖石都是罗马文明最贴切的记录，蕴含着极为丰富的历史信息。游客在罗马城中行走，可以随着周边环境的变化，感知到时代的变迁和历史的延续，让人不由得感叹意大利这个国家对古迹有着较为用心的尊重和呵护。

法定的历史中心区不仅在罗马有所保留，意大利共有 8 000 多个城市，其中有 600 多个城市都保留了法定历史中心区，例如佛罗伦萨那不勒斯和维罗纳，而且这些历史中心区甚至被《世界遗产名录》收录。这些反映着历史风貌的区域成功衔接了传统和现代，使得传统和现代能够在历史发展过程中相互促进，共同进步，让人类文明在时代的变迁中得到进一步的延续和变化。

从意大利人建立和加强对历史中心区的保护中可以看出意大利人有着较强的文物古迹保护意识，而且遵循文物古迹保护和相关管理的原则，在实际对文物古迹进行保护的过程中严格遵照其历史发展的文化背景，从整体所处的环境氛围出发，设定相应的保护和管理方案，不仅对有着重要历史背景的建筑进行保护，普通建筑也会进行针对性的保护。从意大利人重视整体历史环境保护可以看出他们在对文化历史进行保护的过程中不会只对某一个建筑个体加强保护和管理，而是对整个建筑周边的环境进行全面管理，落实整体保护原则。意大利在 1821 年便有相应的法律产生，随着时代的发展不断完善关于历史遗迹保护的法律，并在 1964 年将整体保护原则的重要内容记录在威尼斯宪章之中。意大利人在实际落实整体保护原则的时候，不仅有对历史中心区的宏观保护，而且加大了对大遗址的保护力度。

针对历史中心区的宏观保护，法律对其进行了较为明确的规定，需要让整个古城原有的格局和风貌环境得到完整的保存，防止任何人以不同的名义对其进行破坏，而且明确历史中心区内所有的建筑物所涉及的外部结构的相应管理权属于国家，居民和其他使用建筑物的权利人只能拥有房屋的所有权和对内部的使用权利，不能对房屋的整体结构进行改造。如果相关人员想维修房屋外部的结构，需要通过相关部门的批准和审查并在相关法律支持下才能开展，不可以自行对外部结构进行维修。甚至如果所居住的建筑物已经有超过一百年的历史，对其进行翻修的时候，不仅不能对外部结构进行维修，而且进行内部装修也需要和政府协商，经过政府批准之后，才可以进行进一步的改造工作。

历史中心区富有考古价值的遗存，包括残墙、房基、断柱，甚至是洞穴，所有这些内容必须全部在原地进行保护。如果有人在政府文物保护部门没有批准的情况下擅自拆除或者修改这些内容，将会受到法律的制裁。意大利的国家祭坛位于罗马古城的正中心，是一百多年前所建造的雄伟建筑，也是象征着意大利国家统一的建筑，有着深远的意义。外国领导人来访的时候也会在此处献花，但是在这个国家最为神圣的建筑物旁边还矗立着一段罗马时期所流传下来的墙体，国家最神圣的建筑旁有着残墙，足以看出意大利政府和人民对文物整体性保护的坚持。

上文所提及的对遗址进行整体保护，是通过不改变古迹原貌的方式，保护所挖掘出土的古代遗址区域。可以借助遗址公园或者是博物馆等多种形式，更加全面地保护古代遗址在出土时的状况，确保文物在挖掘出来的时候的状态能够一直保持，而不是在此基础上进行重建或者修复。

意大利人坚持要保留历史遗迹的真实性，他们认为如果在历史遗迹上进行修复，就会让其所传达的历史信息遭到扭曲。在古罗马广场遗址区，除了当年挖掘出的遗迹之外，剩余的部分几乎全是公共建筑物的残墙以及保留下来的地基，这片宏伟的废墟毗邻着帝国大道与其交相辉映，衬托古罗马历史发展中的辉煌和帝国在发展过程中的优越。这片遗址每年吸引了数百万的游客，他们从世界各地来此缅怀历史。一些专家学者也会通过研究这片废墟，探究当年古罗马的经济社会形态，并且和一些重大的政治事件进行关联性研究。意大利境内像古罗马广场这样没有进行二次加工或者修缮的大遗址，还有庞贝考古区、玛特拉市石头城等区域，这些遗址都是保留了历史真实状态的露天博物馆，被当代称为对大遗址进行整体保护开发、充分保护历史原汁原味的经典案例。

意大利人虽然强调对历史尽可能原汁原味地保护和继承，但是这并不意味着意大利对修缮文物持反对态度，甚至意大利社会各界和政府都会投入大量的资源，用于修复全国的濒危古建筑、雕塑及壁画等历史艺术遗产。其在修复过程中也会遵循真实性原则，尽可能保护原物和历史的贴合度，不对原物进行过多的干预。其修复是秉承着在必要情况下为了防止文物被破坏而采取的一定的措施，而不是对文物进行二次修缮。此外还需要遵循可识别的原则，使得人们能够轻易分清楚哪一部分是经过修缮的。同时还需要确保可逆性原则得到有效的落实，在对文物进行添加修缮的时候确保不会破坏原物，而且再次进行修复的时候能够将添加物进行二次剥离。

意大利人对民族文物有着强烈的主权感和所有权感，因为具有这种强烈的意识，他们在文物古迹保护实践中确立起各种保护观念和原则，这个古老国家丰富的文化遗产才得以历经几千年的延续在今天仍然熠熠生辉。

2. 埃及：让丰富的古代明得以展现

埃及和意大利一样，都是拥有着璀璨历史文明的古国，埃及在 5 000 年前便已经发展出辉煌的尼罗河流域文化，在历史发展的过程中也留下了非常丰富的文化遗产，如狮身人面像、金字塔、木乃伊等。至今为止，人们还在感叹古埃及人在历史发展过程中的智慧。目前埃及在建设和发展国家的过程中仍然不断加大对历史文化遗产的保护和管理的重视程度，并且以历史文化为特色不断开发本国的文化旅游模式，取得了较为可观的进展。

不论是什么时代，世界永远惊叹于埃及各类博物馆可以将埃及较为丰富的文化历史古迹充分展现的历史底蕴。埃及近几年在保护文化和弘扬文化遗产方面做出的重要措施之一，便是对博物馆的大力建设和完善工作。自从进入到新的世纪，埃及加强了国家和地区博物馆的建设力度和改造工程。其中最有代表性的便是对大埃及博物馆进行了现代化的扩建和改造。

建立于 1902 年的埃及国家博物馆位于开罗市中心的解放广场处，是全埃及最大的博物馆，也是世界上最为著名的古埃及文化博物馆，其收藏的历史文物多达近 16 万件，涵盖历史跨度长，从埃及的法老时期一直到公元 6 世纪的历史文物都有所收录，其中有古埃及第十八王朝年少夭折的法老图坦卡蒙墓穴中的大量珍宝，同时也珍藏着法老拉美西斯二世的木乃伊。除了这类文物，埃及国家博物馆还珍藏有大量的纸莎草纸文献，这些珍贵的文献记载着古埃及在古代历史、法律、社会、科学等多个领域的辉煌成就。

近几年，埃及国家博物馆在发展过程中面临着展厅跟不上时代及空间狭小等问题。原先的展厅基本只能容纳一半数量的文物展品，而剩下的八万多件文物还在储藏室内拥挤着。因此埃及政府计划另外建立一个空间较大、能够充分展示埃及历史文明的新的国家级历史博物馆。

在埃及国家博物馆建立 100 周年的时候，埃及政府公布了新建博物馆的计划，新博物馆的选址确定在离首都开罗不远的吉萨大金字塔附近。在计划发布后便向海内外全面征集设计方案，在选择了最为合适的设计方案之后，新的大埃及博物馆在 2005 年开始进入施工建设阶段。

新的埃及博物馆建立于吉萨大金字塔附近的沙漠高地处，占地约为 48.56 万平方米，共耗资 5.5 亿美元。建设资金来自埃及政府的拨款和其他一些国际组织提供的长期优惠贷款。新建成的博物馆能够有效陈列出数量多达十五万件的古埃及文物，可以让埃及丰富的古代文物得到更加妥善的保管。除此之外，新博物馆引入了电脑和网络科技，并且是全球第一个将虚拟博物馆和多功能文化教育场所有机结合的现代化信息博物馆。

3. 法国：着力打造文化遗产品牌

很多国家针对文化保护都设立了相关的法律规定，埃及和意大利也不例外，但是法国才是最早提出并制定文化遗产保护法律的国家。世界上第一部关于历史遗产保护的法律便是在法国公布的，法国政府甚至因此设置了每年的文化遗产日。文化遗产日使得社会公众能够更广泛地参与到文化遗产保护作业当中，提升了整个民族对遗产文化的保护意识。这个活动在推出之后，便受到了众多欧洲国家的响应。现在法国的文化遗产日是由中央政府作为牵头部门发动各级地方政府共同执行，同时也得到了社会人员的共同支持。

虽然法国在 1983 年正式实施了地方分权法，但是国家在文化遗产保护方面永远有着较为重要的城市管理权利。在法国，被列入保护名单的历史区域和建筑物的相应建筑规划内容，都需要由国家文化部对其进行整体规划，并且委派有资质的建筑师严格按照相应的规范进行科学的操作和严格的执行。文化遗产保护由中央政府集中进行规划和管理，通过这种制度，一方面强调了国家在文化管理方面的权威性，同时因为政府的极度重视和强力介入，也保证了文化遗产能得到有效的管理和科学的保护。

法国在开展文化遗产日的过程中，国家所有的公立博物馆都不再收取门票，私立的博物馆也会通过减价或者是给予相应的优惠政策响应文化遗产日这项活动，使得国民对文化遗产有着较为浓厚的求知热情，同时加强了对文化遗产的认识。除了政府层面的活动，目前在法国还有群众性的文化遗产保护活动，例如文化遗产学校、文化遗产保护协会等大量社会组织建立起来。甚至有不少学生会在假期充当志愿者，主动参与到对文化遗产的保护和修复工作中去。法国的民间组织也会通过颁发奖金或者是组织类似的活动，鼓励当地的文化遗产保护活动能够更好地开展和进行。由此可以看出，法国对文化遗产的保护有着广泛的群众基础，具有全民性的特点。

由于法国的历史文化遗产非常丰富，涵盖的历史跨度长，其数量也不容小觑，所以法国政府非常重视在文化遗产保护方面专业人才的培养工作，并且加强了相关的教育重视程度。随着法国文化遗产的整体概念不断扩大其影响力，除了凡尔赛宫和圣母院之外，人们也开始认可其他很多更为广泛的历史遗迹。

"文化遗产日"极大地提高了人们的文化遗产保护意识。法国中央政府直接管理112座"国家纪念碑"和4万多座"纪念建筑"，如巴黎的凯旋门和卢浮宫。另外，全国还有40多万件"地方珍品"虽然未被列入国家保护名单，但都得到了有关部门、民间团体和民间人士的妥善有效保护。这种保护遗产、弘扬文化的行动体现了法国人的文化审美能力，提高了民族文化的品牌效力，对法国旅游经济的发展起到了积极的推动作用。丰富的文化遗产使这个国家获得了巨大的社会和经济方面的双重效益。

4. 土耳其：推行文化遗产的可持续保护政策

小亚细亚半岛，也被称为安纳托利亚，正是土耳其的所在地，这里历史悠久，有着长达几千年的文明历史。例如古巴比伦文明、古埃及文明、拜占庭文明、赫梯文明、古希腊文明、东正教、基督教、阿拉伯文明、塞尔柱文明、波斯文明和奥斯曼文明都曾经在这片土地上留下深刻的烙印，不同历史阶段的文明遗址遍布土耳其整个国家。

土耳其拥有丰富的文化遗产和自然遗产。现在已有九处文化和自然遗产被列入世界遗产名录，其中的文化遗产有七处：伊斯坦布尔历史区、迪弗里清真寺和医院、哈图沙什、内姆鲁特山、桑索斯和莱顿遗址、萨夫兰博卢市和特洛伊古城。还有几处是文化和自然遗产：格雷姆国家公园和卡帕多西亚石窟建筑，以及赫拉波利斯帕穆卡莱。以上这些文化和自然遗产都得到了土耳其政府的立法保护。

与过去相比，土耳其政府大大加强了对历史遗迹和文化遗产的保护工作。以前，该国家的文化和自然遗产的破坏现象是特别严重的，尤其是在旅游地区和沿海地区。近年来，通过上述法律的颁布实施，人们对文化和自然遗产的保护意识越来越强，对遗产的保护工作也越来越重视。

现在的土耳其在自然遗产和文化遗产的保存方面主要面临着两个问题。首先是旅游业和建筑业的发展，使得许多古城和沿海古迹在一定程度上被破坏。其次，国家对很多遗址并没有制定足够周密的保护计划。为了解决这些问题，土耳其中央和地方政府都依据《文化和自然遗产保护法》进行了针对性的调整。国家对所有古迹和遗产开展逐一的监督管理和修复是不具备现实条件的，因此土耳其在全国范围内划出重点，迅速制定可行的保护计划，由市政府负责制定城市保护计划，必要时国家向市政府提供技术支援和资金帮助。

在可持续保护政策方面，土耳其政府联合相关部门正在采取一些行动。一是利用计算机和媒体技术快速制定和实施可持续发展的遗产保护计划和相应的修复计划，并通过控制城市移民的方式，来限制城市人口增长过快。二是为了避免政令不明和保护工作不规范，要确立权责归属，确定权责关系，为此颁布了统一的《城市与环境保护法》，为城市和环境保护工作确立了法律依据。三是吸纳各方力量加入遗产保护工作，由城市规划专家、建筑工程师、设计师、考古学家、艺术家和专业人士等共同组成遗产保护委员会，扩充了保护队伍。四是加强对地方政府的技术支持，并增加资金投入。五是加强宣教工作，使公众特别是青年人了解到民族文化的多样性和文化遗产的价值性，使之热爱文化遗产，并积极参与到遗产保护行动中去。

四、我国世界文化遗产保护

1. 我国的世界文化遗产保护工作现状

我国有着丰富的文化遗产，是世界公认的古老文明大国和世界遗产大国，保护和利用好文化遗产有助于增强我们和其他国家之间的文化互信。我国对世界遗产尤其是世界文化遗产的申报和保护工作，使全世界人民更加深刻地理解到中华民族对人类文明发展所做出的杰出贡献，我国悠久灿烂的历史文化也得以向世界展现。在新的时代到来之际，我国对世界文化遗产的发展工作应该以保护为基础，注重传承和展示我国古代文明和悠久历史，对世界展示一个全面、立体、真实的国家形象，更好地促进文明交流和相互学习。

文化遗产对于我国来说是一项宝贵的资源，可以使其他国家通过文化遗产了解我国优秀的文化，应采取措施保护我国的文物资源，并且做好文化遗产的保护与传承工作。古往今来我国在世界上一直都具有文明古国的称号，并且在全球世界遗产大国排名当中位居第一名，在现任的世界遗产委员会当中我国也是委员国之一。自从我国深入推进改革开放以后，各个领域与行业都获得了较好的发展机遇，特别是在我国文化遗产保护事业方面取得了惊人的成绩。自从 1985 年我国加入保护世界遗产公约组织，截止到发稿前，我国已有 56 项世界文化和自然遗产列入《世界遗产名录》，在世界遗产数量上排名第一，这是值得骄傲的一件事情。在经济全球化深入发展的新时代背景下，我国世界文化遗产保护工作的开展面临一系列新的挑战，所以必须正确认识我国文化遗产发展的具体情况，并且制定出相应的文化遗产保护战略，增强我国的文化自信，为世界各国的文明交流创造良好条件。

曾经，联合国教科文组织制定了一个具有较大影响的国际公约——《保护世界文化和自然遗产公约》，从目前来看这项公约在全球范围内具有十分重要的意义，产生了重大的影响，为人类文化遗产和历史文明的保护提供了制度保障。我国加入世界遗产委员会之后，肩负起国际责任和义务，支持联合国教科文组织所进行的一切文化遗产保护工作。为了使世界遗产的保护情况得到改善，长期以来我国政府都宣传并践行世界遗产保护理念。无论是在法律法规的完善方面，还是在推动国际交流合作等方面，我国都不遗余力做了大量工作，联合国教科文组织和其他缔约国都认可我国在遗产保护方面所做出的贡献。

通过世界文化遗产的申报与保护工作，我国获得了多项综合性的社会效益。首先，我国文化遗产列入在世界文化遗产行列以后，可以让世界其他国家人民了解我国悠久灿烂的历史文化，并且世界各国人民都将会意识到中国在人类文明发展过程中做出的贡献，从而有助于我国在国际上树立良好的世界形象。其次，世界文化遗产保护工作的开展提升了我国政府对于我国文化遗产地的生态保护意识，从而为社会经济的快速发展创造了良好的生态条件。与此同时，我国通过广泛传播文化遗产的保护理念，充分体现了国家对于保护文化遗产的重视程度，并且向世界各国人民展示具有我国特点的文物保护实践活动，为其他进行文化遗产保护的国家提供可资借鉴的有益经验。最后，世界文化遗产保护事业提供了一个非常宽阔的平台，在此平台上世界各地区的同行与我国的文化遗产保护工作者可以进行更加密切的交流与合作，从而为各地区的文明交流互鉴创造了良好的条件。

实际上，我国有多次担任世界遗产委员会委员的经验，并且相关的一些重要的组织也在我国设立了相应的分支机构。自从1985年我国加入世界遗产保护公约以来，我国都积极参与了世界遗产的保护工作，无论是从实践层面还是从理论层面来说，我国都为世界遗产保护工作做出了重要的贡献，通过自己的努力搭建起了各国文明交流互鉴的桥梁。

尽管中国在保护世界文化遗产方面做出了很大的成绩，但也存在一些不容忽视的问题。例如，对世界文化遗产的科学研究和学科建设还相对薄弱，在世界遗产委员会咨询机构中还没有形成比较强大的影响力；申请世界遗产的工作机制不健全，在程序和权限等方面还存在不到位的地方；世界文化遗产相关法律法规还不完善，执法层面上相关权责模糊，等等，这些问题还有待得到合理的解决。

2. 充分发掘世界文化遗产的当代价值

世界在发展过程中除了要进行文化遗产保护工作之外，还应该推动各国文化之间的交流和对话。在发展世界文化遗产事业时，应该从根本上实现文化遗产的多元化发展，在开发利用中真正实现文化的传承。在当前新时代的发展背景下，我们必须要有全新的认知和意识，积极参与世界文化遗产发展管理工作，为文化遗产的传承和发扬贡献力量。

（1）以开放性的视野看待世界遗产的保护工作

全面开展世界遗产保护工作，仔细研究遗产保护工作的实际发展情况。分析之前、现在和未来的世界遗产保护工作目标和工作内容，仔细研究前人或其他国家在世界遗产保护的相关工作中所出现的系列问题，做好不同时间段的工作整理和衔接。仔细研究《保护世界文化和自然遗产公约》中关于如何保护世界文化遗产的相关内容，明确我们身上肩负的庄严使命。必须要意识到世界文化遗产和自然文化遗产的破坏对整个世界与社会发展带来的影响。要想实现全世界文明共同发展，必须加大对世界遗产的保护力度。这份责任，应该由所有国家共同承担。每一个国家都要有强烈的保护意识，并且将这份意识灌输到新时代的青年脑海中，并且将这种使命一代一代传承下去。

要从最根本的保护工作入手，将世界文化遗产保护工作落到实处。国家之间不能推卸责任，每一个国家都要勇敢地承担起保护文化遗产的责任与义务。世界遗产的保护工作不是封闭进行的，国家之间应该加强合作，共同协商，找出最高效的保护模式，达到对世界遗产最佳的保护效果。对此，各国家之间召开了专门的会议，研究如何开展世界文化遗产保护工作。从目前的实际情况来看，世界文化遗产的原封不动并不是最理想的保护效果，相反，在合理开发利用的基础上进行保护才是可行的模式。在开展保护工作时，不能忽视世界文化遗产所体现的经济价值，更不能忽视其中所蕴含的巨大的文化价值及教育价值。在经济价值和社会价值、保护与利用之间应该达到一种科学的平衡状态，而且根据不同的世界文化遗产，采取因地制宜的保护方法。另外，世界文化遗产保护工作开展过程中，还应该遵循可持续发展的原则。在不影响其他行业发展的基础上，开展高质量的世界文化遗产保护工作。

（2）做好各层面的统筹工作，推动中华文化走出去

在当前快速发展的时代中，重视世界文化遗产发展和保护工作。在实际开展世界文化遗产保护工作时，需要综合展现出我国悠久的历史和灿烂的文明，体现出中华民族为世界文明发展所做出的突出贡献，让其他国家

体会到中国优秀传统文化的魅力。让中国的世界文化遗产真正走向世界，成为世界了解中国的窗口。同时，抓住当前世界对文化遗产保护的热潮，表达我国对世界文明发展问题的看法。针对一些争议性较强的问题给出自身的态度，充分发挥中国人的优秀思维品质，传递正确的价值观念。我们要将中国文化推出国门，走向世界，还应该注重文化的融会贯通，加强国家之间的交流与合作。

推动中华文化走向世界，国内工作主要可以从三个方面进行。

第一个方面，重视文化遗产申报的各项工作流程和工作权限，了解当下世界发展的背景，借鉴其他国家世界遗产申报的经验。应该根据国家的发展制定详细的申报计划，在申报计划中要明确表示，世界遗产代表的是国家形象，必须以国家利益为重。所以，必须加大对申报相关部门的管理要求。对每个部门的工作任务进行明确划分，详细记录整体的工作机制和程序步骤。加大各部门之间的沟通和联系，确保各部门之间有条不紊地完成工作。

第二个方面是要加大对相关学术人员和实践操作人员的培养力度。应该站在国际的角度，观察当前我国对世界文化遗产的保护情况。仔细分析当前国内相关人员数量以及相关人员的专业程度，制定专业人才培养规划，加大对相关人员的专业技术培训力度。另外，应该加大对文化遗产保护的理论研究力度。对我国文化遗产申报的实践工作进行总结，形成我国关于遗产保护的理论体系。强化理论研究层面，具备足够的理论专业能力之后，才能在世界上有更多的发言权。

第三个方面是要将我国目前的世界文化遗产保护工作纳入法治系统。综合研究国际国内有关文化遗产保护的相关法律法规，根据我国遗产保护的实际情况，尽快制定出具有指导意义的完善的法规，为相关人员的管理工作提供一定的法律保障，全面提高文化遗产的管理水平和管理能力。

国际方面的工作，也可以从三个方面着重发力。

第一个方面是充分利用当前我国在世界遗产委员会的角色，推动我国文化遗产走向世界。当然，我们必须要把保护国家利益作为首要前提，只有保证国家利益不受侵害之后，才能开展其他的相关工作。另外，在实际操作的过程中，还应该将眼光放得更加长远，从人类整体的利益出发，制定一系列的管理措施，推动全球文化遗产保护工作的开展。纵观当前世界文化遗产管理工作的实际情况，整体正在向全新的方向转型，由于这项工作可能涉及更多的政治概念，所以不可避免会出现一些国家之间的争议和冲突。我国应该推动国家间的友好沟通，促进和平交流。

第二个方面是在参与的过程中，我国应该表现出积极主动的态度。要加大文化沟通与交流力度，推动各国之间的文化交流与借鉴。另外，还需要考虑到一些特殊的国家，例如，经济不发达或者战乱频率较高的国家，采用针对性的措施来保护这些国家的文化遗产。在整体的管理工作中，我国应该积极地履行自身的职责，全面开展系统的管理工作，保证各项管理工作落实到位。同时应该加大我国国内项目研究力度，提高项目研究的科技含量。通过一系列积极向上的管理举措有效地提高我国在世界遗产领域的管理权和话语权。

第三个方面是要结合当前我国专业人才在世界相关组织中的工作情况，通过培养全面发展的专业人才，增加相关专家和志愿者在国际机构工作的数量。目前我国在相关组织工作的人员数量较少，尤其是在管理层数量上存在很大的欠缺。所以，应该及时创新对人员的培养机制，全面培养专业人才，推动世界遗产工作的开展。

（3）加快博物馆建设，推动文化遗产与现代生活的融合

要想加强对文化遗产的保护力度，首先应该加大各地博物馆的建设力度。博物馆数量增加之后，能够有效地提高文化遗产的活跃性，同时，也能带动当地经济的发展和进步。在建设博物馆时，相关人员应该充分考虑到不同地区的地理位置特点。地理位置不同，博物馆的建设性质也不相同。针对性地建设博物馆，为博物馆建设选择合适的位置，能够有效地推动文化遗产的传承和发展。另外，博物馆建设之后，应该充分发挥博物馆的作用，利用博物馆进行文化遗产的保护和传承工作，让文化遗产在保护中得到传承和发展。

　　一般来说，城市地区的博物馆相对于乡村地区博物馆而言，文物和藏品数量可能会更丰富，能够在短时间内集中更多的文物。博物馆要聘请专业人员对不同的文物进行分类，按照不同的主题分类将文化遗产科学地展现出来。当然，在分类和展现的过程中，还需要综合考虑到整体空间和数量的限制。选取一些具有针对性或象征性较强的文物进行展览，对于一些比较贵重且易破损的文物，应该进行特殊保护。遗址博物馆相对于其他博物馆类型具有较明显的局限性，不仅对地理位置要求高，在整体的设计、结构方面都有特殊的标准。首先，出于安全性考虑，不能将其放在人员比较密集的区域。当然，遗址博物馆也有自身的特点，可以最大限度地还原不可移动的文物的原真性，主题具有专属性，即与特定的遗址地相关。这些是城市地区博物馆不具备的功能，正好可以弥补其短板。加强二者的协调发展，不仅可以满足人们多样化的参观需求，而且可以使不同性质的文化遗产得到妥善的保护。

　　遗址博物馆和城市博物馆在协调发展的过程中，不应该改变自身的特色。城市博物馆在发展过程中应该延续展览主题的模式，不应该过分地进行文物征集，应该加大对文物周边产品的开发拓展。另外，城市博物馆在发展过程中可以充分利用城市地区人口众多的特点，带动城市博物馆的发展和进步。对于遗址博物馆的发展来说，必须遵循文物的不可移动原则。遗址博物馆内的文化遗址大多分布较为分散，可以通过景点讲述和故事营造的方式对文物进行展览。为了让遗址博物馆能够得到更好的发展，也为了让更多的人了解遗址博物馆，可以在遗址景区内适当地建立展馆，对于展馆的性质也有一定的要求。首先展馆必须是隶属于遗址区的，而且，所呈现出来的理念也应该与遗址博物馆一致。当然，从长远发展的角度来看，遗址博物馆也应该时刻跟随当前时代发展的方向与理念。及时对整体的管理理念进行创新，适当地借鉴城市博物馆的发展理念和发展方式，吸取适合的成分，完善自身的发展。在发展遗址博物馆时，应该加大对出土文物的保护力度。仔细研究出土文物的性质，设计出合理的保护方案。为了不对文化遗址的本体造成破坏，进行挖掘时，要利用专业的挖掘工具，选择专业人才对整体的考古成果进行记录和解读。

城市博物馆和遗址博物馆要想同时发展，两者之间就必须要有一定的联系。两者建立起一定的关联性后，才能相辅相成，促进发展。遗址博物馆的文物大多是不可移动的，为了丰富遗址博物馆的文物数量和文物种类，城市博物馆可以向遗址博物馆暂时出借可移动的文化遗产。在移动运输的过程中，必须重视对文化遗产的保护，避免对其造成外力伤害。遗址博物馆对于借来的可移动文物，应该结合自身特点以一种全新的角度创建展览服务，比如说从考古角度来展示可移动文物，吸引更多人对可移动文物产生兴趣。还可以将可移动的文物与遗址放在一起进行同步解读，将两者之间的特点进行融合，相互补充，加强遗址博物馆和城市博物馆两者之间的紧密联系。

（4）让文化遗产焕发生命力，走向未来

我国在 20 世纪 80 年代引入文化遗产的概念，并开展了一系列相关的实际工作。尤其是在 1985 年加入《世界文化和自然遗产保护公约》两年之后，我国就有包括北京故宫在内的六项遗产成功列入《世界遗产名录》，这是我国在《世界遗产名录》上从无到有的突破。我国通过开展世界文化遗产申报，使文化遗产这一理念逐步引起社会范围内的广泛关注并迅速得到普及。通过文化遗产保护的实践工作，人们在观念上发生了深刻的变化，认识到文化遗产不是一个死板的、固定的时空对象，相反是一个广泛的系统，一种发展的理念，一个开放的结构，同时也是一个永恒的人类主题。人们对于文化遗产的认识也一直在发展变化之中，并且在实践中不断得到验证、补充、丰富和更新，从而不断有新的认识出现。

以前，人们可能习惯性会认为我们国家的文化遗产和博物馆里陈列的文物是离人们的现实生活非常遥远的东西，是已经逝去的没有活力的物体，最多只能作为被观赏研究的对象，除此以外，文化遗产和文物似乎不具备其他价值和意义。现在，随着时代的发展和人们知识的普及，以及对文化遗产认识的加强，人们已经能感知到，文化遗产不仅存在于过去，还能在今天"活"在人们的生活中。陈列在博物馆或者躺在古城遗址废墟地下的文物并不是没有生命力的物体，事实上它们的存在就是一种表达——它们曾经灿烂在过去的岁月里，现在依然在闪闪发光，并且和我们人类一样，应该还有充满希望的未来。

今天，越来越多的人已经认识到了这一点——文化遗产不应该仅仅是少数专业工作者研究和关心的目标，更不应该被深藏在幽暗的地下室或保险柜中，而应该开放于社会，融入人们的实际生活。对文化遗产一方面应该加以保护，另一方面要进行合理地运用，这样才能进一步丰富文化遗产的价值。保护文化遗产并不意味着将其与公众和现实生活隔离开来。在城市化快速发展的今天，文化遗产已不可能"独善其身"。现今世界大多数历史名城的发展案例告诉我们，城市现代化和文化遗产保护之间并不存在矛盾。很多情况下，通过妥当的处理方式和手段，二者可以有效地相互促进、互相补充。

让文化遗产重新焕发生命力，仅仅把文化遗产作为一件珍品来保存是不够的。更重要的是要充分发掘文化遗产的精华，并使之服务于人类的当代生活。文化遗产当然可以被作为观赏和保护的对象，但同时其价值也应该得到新的理解和延续。也就是说，文化遗产只有以适当的方式发挥作用，并以特定的方式受到公众的关注和共享，才能具有新的意义和未来。所以，一方面我们要对文化遗产进行保护，另一方面也要进行合理的利用，只有这样才能让文化遗产重新焕发生命力。

在现代社会环境之下，物质文化已经相对发达，因此人们的精神需求越来越被重视，通过科学规划和有效的管理方式来合理利用文化遗产，这实际上正是对文化遗产的一种积极保护。在保护和利用的相对关系中，保护总是位于前面的。对文化遗产的合理利用必须建立在保护的基础之上，这是毋庸置疑的。

目前，人们对于文化遗产的多重价值已经有了深刻的认识，对文化遗产的合理利用在未来会成为发展趋势。大量事实证明，让文化遗产重新焕发生命力，通过文化遗产向当代社会提供各种形式的文化服务，一方面可以扩充人们的文化生活，另一方面可以更好地保护文化遗产，同时也能为社会创造更多的就业机会。通过文化遗产向民众提供各种文化服务一方面可以带来经济效益，这种经济价值只是最浅显的价值，实际上合理利用文化遗产的效益是全方位、多方面的。通过开展文化遗产旅游，使人们近距离地接触到文化遗产，这非常有利于传达文化遗产的价值和意义，使人们深刻认识到文化发展的重要意义。通过这种接触和理解，人们将认识到尊重文化遗产、尊重文化遗产所代表的文化以及这种文化背后的人民，是所有人类的共同义务，这反过来又会促进人们对文化遗产的保护，同时也能进一步加强不同文化的交流与互鉴。

文化遗产对一个国家来说意味着历史的根基。我们说一个国家历史悠久，底蕴丰厚，不仅意味着他们曾经拥有多少优秀的文化，还取决于这些文化是否被传承到今天，即今天的人们是否能感受到这种灿烂文化带来的自信。加强对文化遗产的保护和利用、处理好遗产保护与旅游发展的关系，能使我国丰富的文化遗产重获生命力，持续丰富我国人民的精神世界，持续促进精神文明的交流和互鉴。

第二节　我国文化遗产地社区生计中存在的问题

随着社会的不断发展和人民生活水平的日益提升，我国旅游产业也逐渐壮大。旅游开发离不开社区，很多旅游项目的开发都要依赖于社区，旅游开发与社区生计之间有着密切的关联。

一、旅游开发与社区之间的关系

社区是进行一定的社会活动，具有某种互动关系，依靠共同的文化来维系的人类生活群体，也包括群体的活动区域，是人与特定环境组成的一个系统综合体。社区与旅游开发之间关系密切，主要表现在以下三个方面：

1. 空间密切关联，资源共享

旅游业的发展依赖于社区，因此两者在该地区紧密相连。社区通常处在旅游景观区周围，甚至位于景观区之内。空间上的这种紧密结合允许旅游业发展与当地社区共享资源，一起享用当地旅游资源和其他资源。而且旅游景区的许多旅游资源是当地居民创造的，他们的生活习惯和民风民俗就是当地旅游资源的特征。所以在有些情况下，当地居民也属于旅游开发的目标之一。

2. 社区在旅游开发中处于重要地位

在旅游开发过程中，景区内部或周围社区居民发挥着重要作用。社区在旅游景区的开发和建设的许多方面都承担着主体任务。在旅游开发环境下，社区居民具有双重身份，一方面他们是旅游景点的重要组成部分，对游客具有相当的旅游吸引力，另一方面他们也是旅游发展的重要目标。社区居民的语言、风俗、服饰、建筑乃至他们的日常生活和田间劳作都是吸引旅游者到景区参观的重要因素，社区居民就是游客旅游体验中的一部分。

对具有民族风情的地区来说更是如此。比如泸沽湖地区的旅游开发就充分说明了这一点，当地居民特殊的走婚习俗是吸引游客的主要因素之一。

从另外一个层面来看，当地居民对游客的态度也将对旅游业的发展产生重大影响。假如当地居民对游客热情友好，让游客获得了良好的旅游体验，当然会促进当地旅游业的发展；相反，如果社区居民抵触旅游活动在本地区进行开发，对游客缺乏友好诚信的态度，那么当地的旅游开发活动将受到严重的不良影响。

3．旅游开发对社区具有双重影响

旅游发展与社区在地理位置上的接近，使社区居民成为旅游区内联系最紧密的对象，而他们也会受到旅游观光活动或旅游景区建设所带来的各种影响。旅游景区的居民直接承担着旅游业发展所产生的影响。这种影响具有双重性，不仅会产生有益的影响，还会产生许多负面影响。

一方面，旅游业的发展可以促进当地社区的经济和社会发展。旅游业的发展对当地社区的经济和社会发展有着全方位的影响，起着多方面的作用。比如说，以游客量为主要方式，带动服务业、运输业的发展，同时也带动了资金和人才的流动，促进了信息产业和商业的发展，同时也形成了新的文化潮流和科技潮流。以经济增长为主线，既带动了社会的发展和生态的优化，又促进了区域之间的协调，加强了国际交流合作，同时对于推动当地文化发展、提高人们的生活质量都具有重要意义。

另外一方面，旅游开发和建设也会给当地社区造成一系列不利的后果，例如对生态环境、当地传统文化的影响等方面的问题。这些都是需要重视的问题。

二、管理层面的问题

管理层面的问题主要是管理机制不完善，各部门权力分散。

1．旅游管理的内涵和主体

旅游管理是指通过规划和经济投资，制定法律法规，进行技术支持，运用行政管理、宣传教育等多种手段，对可能损害景区旅游资源的一切行为和活动进行规范、制约和引导，以促进旅游业的健康发展，并协调其与环境保护之间的关系，推动旅游资源的合理运用，使其发挥更大的社会和经济效益。

在整个景区的运营活动中，景区的管理起着重要的作用。不少旅游地在前期规划时因为缺乏准确的市场定位，导致经营不顺，发展遇到很多问题。旅游运营各个环节都需要非常专业的管理者，从旅游产品的定位、容量分析到餐饮点和集散区域的设置等每个环节的运行过程中，管理者都需要有非常专业的素养和手段，否则很容易带来景区资源的浪费，造成景区环境的破坏。

政府在旅游发展过程中发挥着重要的作用。地方政府在旅游建设中的主要职能是对旅游开发商的开发和经营活动进行监督和指导，确保其发展方向的正确性，引导其走可持续发展之路。另外还要调整旅游发展过程中不同主体之间的冲突，比如旅游资源所有者、旅游经营者、旅游管理者及旅游从业人员之间的矛盾，确保旅游发展的顺利进行。此外，地方政府还要维护旅游市场正常的秩序，规范经营活动，为各行业和公众提供信息和服务，还要为旅游业的顺利发展提供了一些必要的设施，制定并支持相应的投资政策，为旅游发展创造有利的环境。

2. 地方政府与社区居民之间的关系

地方政府是旅游开发活动的管理者和监督者。通过制定旅游发展的整体规划，为旅游开发指定大的发展方向，促进当地经济提升，让当地人民的生活水平得到提高。在实际的旅游活动过程中，地方政府存在的某些管理方面的局限性，使得政府的旅游开发管理职能没有得到充分有效的发挥，某些情况下不能有效协调社区居民和旅游开发商及其他经营者等群体之间的矛盾。

政府信息的不足和政策的局限性可能导致其不能实现初期对社区居民的利益规划，不能满足居民的预期收益。在实际过程中，社区居民有时持不合作的消极态度，影响政府部门工作的顺利开展，或者使政府政策的实施效果大打折扣。社区居民与地方政府不够和谐的结果是旅游开发的进程受阻。

综上，地方政府对当地旅游活动的顺利开展起着宏观上的调控作用和引导作用。地方政府代表着社会整体的利益，它追求的是社会公共利益的最大化，其关注的焦点是税收、解决就业、招商引资和地方的稳定与可持续发展。地方政府发展旅游业除了能够扩大知名度，还能够增加本地的各项收入、促进地方经济发展、增加就业、吸引投资，提高当地居民的生活质量，取得经济效益，保障地方稳定。对于当地居民来讲，也是拓宽视野、丰富娱乐生活的一个重要途径。所以发展旅游业无论是对于增加本地政府收益还是当地社区居民来讲，都是十分有益的。政府在保护独特和有限的自然、社会和文化资源的同时，尤其要协调和处理好与社区居民的关系，针对旅游管理中出现的问题进行妥善地解决，使当地的旅游产业能够得到长久性、持续性的发展。

3. 旅游景区管理中出现的主要问题

随着国内旅游行业的迅速发展，相关的旅游设施、旅游景点也随之增加，在旅游行业蓬勃发展的同时，也逐渐暴露了很多管理上的问题。我国很多旅游景点地区的管理虽然积累了一定的经验，但也存在许多不足。旅游部门负责人应考虑如何提高景区工作人员的管理意识，保护景区的生态环境，提升游客的体验感和满足感。

首先，我们国家的旅游景点缺乏有效的指导。鉴于国内一些旅游地区的特殊性和困难性，缺乏管理、管理范围不够明确，一些相关的工作人员不清晰自己的管理职能是什么。一些科室管理职能重复，效率降低，缺乏有效的监督机制和明确的监督机构，阻碍了旅游目的地的发展。

其次，景区复杂的管理体制和重叠的行政结构是制约景区快速发展的主要原因，除此之外，还有社会活动、互动文化和公众文化，也是制约旅游业发展的因素。由于受知识、技术和其他一些条件的限制，旅行社区的居民在旅游业的发展中获得的好处有限，但由于旅游业发展的负面影响，他们没有得到公平的补偿，长期以来就会影响民众对旅游业发展的态度。

最后就是财产和土地的管理问题。我国现行《中华人民共和国旅游法》中规定的"旅游主管部门"和"景区主管部门"，是两个不同的部门，《中华人民共和国旅游法》中的"旅游主管部门"可以理解为现在的"文化和旅游部门"，但法律没有对"景区主管部门"进行界定或解释，这是因为，不同类型的景区对应不同的主管部门，涉及的部门很多。所以，法律没有对"景区主管部门"进行一一列举，而是统称为"景区主管部门"。机构改革之前，不同类型的景区对应不同的主管部门，管辖权涉及 12 个不同的部门，如森林公园由林业部门负责监管，地质公园由国土资源部门负责监管，自然保护区由环境保护部门负责监管，水利风景区由水利部门负责监管，风景名胜区由住建部门负责监管，文物保护单位由文物部门负责监管，特种设备和大型游乐设备由质监部门负责管理，宗教场所由民宗部门负责监管，等等。景区在地域上或者景点分类上有着独属自己的管理部门，还根据旅游资源分了许多不同的部门。在这种各旅游部门职能划分不明确的情况下，景区管理会遇到诸多困难。这包括不同景点定位中的科学和文化问题。地方当局需要根据国家立法的要求，根据当地旅游发展的实际情况制定和实施政策，制定发展计划，避免多边管理等问题威胁到该区域的可持续发展。

4. 旅游景区管理问题对策

统一景区分类、归口管理、分地区分部门管理，按一定标准统一地进行景区分类，并将分散的权力集中起来。明确每个部门的管理范围，以便有序地行使部门的行政职能，建立一个资源分级管理机制，每个环节都要顺利地衔接上，有效实施旅游资源的开发、监督和管理，规范化的管理机制是实施旅游资源资产管理的有力手段。

（1）实行政企经营管理模式

政府要想有效地对旅游景区进行管理，可以与当地有实力、有影响力的企业进行联合，实行政企共同管理的形式，并吸引其他资金参与开发，对管理不善、管理不当的企业，政府有权停止合作，选择有实力的企业经营。批准公共当局和企业共同管理，以满足游客的旅游需求。充分利用双方优势，实现公司利益最大化，最大限度地提高景观效益。为了满足游客的旅游需求，在激烈的市场竞争中，国有企业联合经营，创造高额利润，景区为企业提供了最大的利益。但是政企经营更需要严格的管理模式，所以在这个过程中需要对景区的各方面进行严格的管理和监督。

（2）合理发挥政府宏观调控的功能

我国旅游业的发展由政府主导，政府如若对旅游设施进行任何形式上的指导，都会对景点产生影响。政府需要不时地监测旅游景点的市场推广情况，并以可视的方式进行记录，及时发现景区中存在的问题和缺陷，并且要积极监控和跟踪纠正措施。在规划景区旅游活动时，应放慢和缩小景区营销的速度和范围，保证营销不影响到景区的正常运行，除此之外，政府还应制定具体规则，规范利益相关者的行为。同时，规划景区的旅游活动，让专家指导景区发展的各个阶段，对景区内的所有设施和设备进行日常维护和管理，制定明确的规则，规范其他相关部门的行为。例如，为了提高禁止游客在旅游区倾倒垃圾的执法效率，应采取具体措施惩罚违规者，并严格执行国家有关保护寺庙、古镇的法律法规。

三、开发层面的问题

开发层面的主要问题是过分商业化，追求高利润而忽视遗产保护，使社区经济发展犹如昙花一现。近年来，我国人民的物质生活水平正在不断地提高，外出旅游的人数也在不断地增长。旅游行业的有效发展带动了旅游地及其周边地区经济的进步，同时导致旅游景区商业化的程度越来越严重，对旅游地点周边的经济、文化及生态环境都造成了不好的影响。

1. 旅游景区过度商业化的表现

商业化是指通过提供商品的方式，主动实行收费制度，以追求利润为目的的行为。商业化从程度上可分为两种，适度商业化和过度商业化。旅游景区的过度商业化可以理解为运营者只重视经济效益却忽略社会文化效益和环境效益，过度消费景区资源的状态。

（1）景区收入严重依赖门票

景区的收入更多地依赖门票是旅游景区商业化严重的一个主要表现，很多旅游景区的门票也有淡季和旺季的分类，旺季的时候游客比较多，景区为了能够获得更多的经济利益，就会对门票进行提价。当然如果涨幅相对比较大的话，游客的数量也会随之而下降，对于当地服务业来说也会受到影响，使得整个城市的经济发展速度被严重拉低。如果一个景区长久以来只能依靠门票收入来维持经济效益，那么该景区最终还是会失去这一旅游市场，这同时也是当地服务业发展所面临的挑战。

（2）面向旅游者的商铺大幅增加

现今的景区过度商业化发展的另一个表现，就是专门面向旅游者的店铺数量大幅度增加，而和居民生活有着紧密联系的商铺数量不断地在下降。同时，当地居民和外来商户之间因为出租与被出租的关系也形成了人口置换，也就是说当地的居民会迁移到和景区距离较远的地方生活，外来商户则在景区安营扎寨进行经商，持续地获取经济效益。

（3）商品同质化现象愈演愈烈

在节假日的时候，几乎各个旅游景区都会出现购物潮，景区内的商品原本是具有一定特色的，但是如果每个景区都售卖同样的商品，就会给游客带来严重的同质化感觉。在各个景区的纪念品售卖中，都存在一定程度上的商品同质化现象，导致以纪念品购买为特定旅游目的的游客丧失了进行旅游的根本意义，也对当下我国旅游业的可持续发展制造了挑战。

（4）景区沦为营销场所

旅游景区之所以被开发出来，是希望为更多的旅游者提供一个可以放松的地方，现在却逐渐转变成为营销活动的重要场所，表现特别明显的就是在古镇景区当中出现的酒吧或者商店等等，将古镇原先的文化直接掩盖掉了。现今景区商业化的现象比较严重，从根本上已经违背了通过旅游产业进行文化传播的意义。

（5）景区游客容量超载

基本上所有的旅游景区都是非常欢迎游客的，景区在淡季很少出现游客量超载的现象，但是在旺季的时候景区人口数量是相当多的，人和人之间的流动都出现困难，观赏风景更是无法做到。一些景区所采取的分流方式不恰当，因此这些小的问题经过一定的累积，就成为严重的大问题。景区游客容量的超载严重挫伤了游客旅游的积极性，随之而来的是景区内的垃圾也会不断地增加，导致游客无心进行游玩，对于景区的生态环境也造成了不良的影响。

2．旅游景区过度商业化的原因

旅游景区商业化是景区未来发展的一个主要方向，也是必经的一个过程，这和景区本身的某些特性也是密切相关的。景区过度商业化是其中各个不同利益主体共同导致的结果，一般情况下和景区过度商业化利益相关的主体有当地居民、当地政府以及旅游从业者等。

（1）旅游者的消费需求

对于景区来说，旅游者（游客）才是他们经济收益的主要来源，所以说各种基础设施以及所提供的服务设施都是专门为旅游者所准备的。景区要从旅游者的角度看待问题、分析问题，才能够满足游客的需求。最早阶段人们希望的出游仅仅是简单地欣赏风景，放松自我，并不会有太多其他的要求，但是随着人们经济收入的增长和生活水平的提高，人们更加愿意追求高质量的旅游景区。正是为了满足游客高质量的旅游需求，景区经营者不得不对景区内的各种设施进行改善和优化，重新规划交通路线，使得这些景区开始转变成为商业区。这和景区设置的初衷已经有了较大的差别，但是景区又只能根据旅游者的需求来进行改变，否则就无法生存下去，这是一个现实问题。

（2）当地居民的推动

对于旅游景区来说，从开发到最后的经营活动，居民在这一过程中所起到的作用是相当关键的。他们在其中扮演了两种不同的角色，第一种角色就是作为"文化使者"，对当地的风俗习惯进行宣传，第二种角色就是作为商家，在景区售卖商品和当地特产。一般来说，景区在开发的过程中或多或少都会对居民的土地进行征收，因此一些居民会在其中寻找一些赚钱的商机，希望能够从中获得经济效益。一般情况下，居民会通过经营商店来获取经济收益，还有的居民会通过举办一些小型活动吸引游客。

当地居民在景区开发过程当中获得了相应的经济收益，从而在既得利益的基础之上想获得更丰厚的经济效益，导致新的文化被赋予了更加浓厚的商业气息，这也推动了旅游景区商业化的发展进程。

（3）投资经营商的利益驱使

顾名思义，投资经营商既包括投资者，也包括经营者。而旅游经营商涵盖的范围又比较广，涉及旅游企业、景区、商铺业主、旅游酒店等等群体。投资商在前期需要投入大量的资金来支持建设，因此想要获得更多的经济回报是正常的。企业发展运营中最大的一个特点就是各项活动的开展要以盈利为目的，并且希望用最小的投入来获取尽可能多的回报，否则企业就无法良性地运转下去。

投资经营商本身就具备较强的逐利性质。他们所进行的一切工作，都是从企业能够获得较高的经济效益出发的，所以他们在旅游景区过度商业化的过程当中所起到的推动作用是非常显著的。

（4）旅游从业者的工作需要

对于旅游从业者来说，他们更加关心自身的工作是否能够顺利完成，以及他们从中获得的薪资待遇是否符合自己付出的劳动价值。通常情况下，像导游、司机、服务员这些旅游从业者是按照接待的游客人数、次数甚至消费金额来获取提成，因此他们也愿意有更多的游客在景区进行消费，这也推动了旅游景区过度商业化的发展。

3. 旅游景区过度商业化的危害

旅游景区商业化为当地居民提供了充分的就业岗位和机会，满足了人们日益增长的物质文化需求，带动了当地经济文化的发展，同时也为宣传景区形象做铺垫，提高了景区的知名度，居民们也可以通过和旅游者的交流学到更多外来文化，对当地经济文化的发展都有一定的好处。但是旅游景区过度商业化对当地带来的负面影响也不容小觑，主要表现在社会文化、经济和生态三个方面。

（1）社会文化方面

近几年来，部分景区的营销力度变得越来越大，有些景区为了吸引游客，甚至会采用半价促销、买一赠一等手段，招揽大量游客前来旅游，导致景区人流量超载也在所不惜。这就使原本正常的营销活动演变到了过度营销的模式当中。游客来到当地旅游会和当地形成文化的交流。但是，景区本身具有一定的商业性质，过度的游客前往该地旅游，会对该地的本土文化形成一定的冲击，使当地的本土文化特色流失。

景区的过度商业化也会对居民的日常生活造成影响。景区在未开发之前，当地的物价一般维持在一个较低的水平，而在景区过度商业化开发之后，一个直接的后果就是导致当地物价的上涨，从而使当地居民的购买力下降，对人们正常的生活水平造成了干扰。长此以往，当地居民将不愿意生活在这样的环境当中，他们中的大部分人会选择离开这个地方，搬迁到其他的地区生活。如果该景区的商业化氛围变得越来越重，那么就会阻碍景区的发展，甚至改变当地的人口状态。

虽然景区的过度商业化给景区带来了巨大的经济效益，维持了景区的商业运营，但是如果继续忽视景区的文化价值和当地社区居民的生活状况，一味追求高游客量带来的高消费额，商业氛围无限延伸，这无疑会对景区未来发展造成致命的打击。

（2）经济方面

旅游景区的过度商业化在一定程度上推动了景区所在地的经济发展，但同时也给当地原有的经济带来了很大的冲击。表现最明显的就是当地原有的经济让步于旅游活动。在该地没有被开发成旅游景区之时，居民的收入来源都是依靠自己的劳动所提供，比如通过手工业或者纺织业生产，自给自足。还有不少人依靠自己的独门手艺生活。虽然这种生产过程缓慢，但是他们没有太大的生活压力。当地的居民不需要花费大量的金钱就能够维持日常生活，而且他们的目的不是获得金钱，而是因为喜欢从事这样的传统事业，乐在其中。然而，在这些地方被开发成了旅游景区之后，过度的商业化引入了大量的外来人口，使得当地原有的生产方式显得相对落后，开发商会鼓励居民从事与景区相关的商业活动，以便让该地的生产方式跟得上时代发展的步伐。这在一定程度上会改变居民原有的生活模式，甚至改变居民的收入来源。在居民的收入增加之后，居民就无法恢复到原来不紧不慢的生活节奏当中，就无法享受到以前那样悠闲自足的生活。

（3）生态环境方面

生态环境方面，首先造成的就是拥堵问题。旅游开发的过度商业化毫无疑问会对景区所在地的生态环境带来一定的影响，首要的问题就是造成景区拥堵。很多景区到了节假日或周末，景区的游客数量就会增加，人与人之间都是拥挤在一起的，移动困难，游客前往当地的游玩变成了感受人山人海的氛围。

第二个问题就是环境污染。白天、晚上景区的游客数量多，会给当地带来大量噪声，很多景区设置了小夜市，开设了酒吧和客栈，到处都是叫卖声和喧嚣声，原本安静的夜晚被商贩的叫卖声和游客的喧嚣声打破。景区为了吸引游客的眼球，吸引游客前来游玩，不可避免地降低了当地人们的生活质量，造成当地的生态污染。例如，有些游客没有良好的卫生习惯，在用完纸巾等商品以后会随手将垃圾扔在湖水里或者扔在路边，给当地的生态环境造成破坏。景区环境将面临严重的大气污染、噪声污染和水源污染。这些污染会缩短景区的寿命，同时也会影响到人们的正常生活。

第三个问题就是旅游资源遭到破坏。一般景区在开发建设的时候对生态资源就会造成一定的破坏，在后续的旅游活动运营过程中，景区的过度商业化又会持续不断地对生态环境造成损坏。如果景区环境恶化失去吸引力，旅游地的可持续发展就无从谈起，这对旅游企业和当地经济发展都是相当不利的。

4. 旅游景区过度商业化的治理措施

解决过度商业化的问题，要采取切实有效的措施，不能为了追求眼前的利益，忽略了景区的可持续发展，影响了当地人们的正常生活。

（1）加强景区内部管理

控制过度商业化，对景区来说，首先要控制游客的数量，不能让景区的游客容量超标，超过承载力的游客数量及旅游活动会对景区造成难以磨灭的伤害。近年来，有一部分景区已经意识到了游客量超标带来的严重问题，开始采取一些限制客流的措施，尤其是近几年，国内大部分景区开始实行网络预约制，这样能较好地控制进入景区的游客数量，避免了大量游客进入对景区造成的损害。很多游客都反映，这种网上预约的模式非常便利，人们不需要在该景区花费大量的时间和精力来排队买票，该景区也做到了对游客数量的合理控制，不会面临涌入大量的游客而无法接待的困境。

另一方面，景区还应进行严格的内部管理，在旅游资源、商业活动、环境卫生等方面制定出相应的标准和规范的流程，并加强监督和考核机制，如果出现了过度商业化和资源过度开发的情况，相关员工和管理者要承担相应的责任，这种管理方式可以鼓励员工规范操作，严格遵守标准，也能促进员工之间的团结合作，提高景区的工作效率。

（2）提高开发商和投资经营商的素质

旅游开发商和投资经营者不能为了获取大量的利益而不考虑当地居民的内心感受。开发商想要获得旅游利益，必须要和当地的居民联合起来，重视他们的切身利益，尊重他们对自己生活多年的固有生态环境的感情。另外，开发商和投资经营者要及时地和当地的政府官员保持联系，了解当地政策和景区的发展动向，并且参考政府的建议来开展景区的建设。在经营和发展景区的时候，还要根据当地的经济发展水平和社会实际情况来开展投资和建设，保持当地的风土人情，保持当地的文化特色，让景区的发展和当地的发展可以实现共赢。开发商和投资经营者可以通过宣传旅游地区的特色文化，扩大该地区的知名度从而吸引游客，但是不能靠过度营销的方式去开发景区。

（3）规范旅游从业者的行为

游客一生可能只会去某个景区游玩一次，因此，要保证该景区可以给游客留下深刻的印象，为游客带来美好的体验，进而在旅游市场上形成良好的口碑。解说人员需要从实际情况出发来解说当地的景区，不能为了迎合游客的喜好去编造虚假的故事。在进行解说的时候，要根据实际情况来解说，要遵守自己的职业道德，不能做有损于旅游景区名声的事情。从业者还需要对游客的行为进行规范，如果游客在景区游玩的时候对当地的景区有不文明或者破坏性的行为，那么，从业者应该及时地对他们予以劝阻，不能为了不得罪游客，而损害到了景区的风貌，这种行为是错误的。游客也要注意自己的日常习惯和日常行为是否会对当地的生态文明造成破坏，要改掉乱丢垃圾和大声喧哗的习惯，为当地的生态环境建设做出自己的贡献。

（4）加大社区力量的参与度

社区是旅游发展中的重要力量和关键因素，国家为旅游发展所设计的经济制度，不能只是市场利益和国家利益的结合，而是必须将社区利益包括在内的三个方面的有机结合。因而将旅游增权这一概念运用到遗产旅游地的可持续发展中去是非常有现实意义的。

旅游增权的实质是寻找一条增加大多数人的利益的有效途径，以促进旅游利益公平和旅游可持续发展。通过制度增权、社会增权和信息增权等具体可行的措施，增强旅游地适应市场经济的能力，所以首先要考虑的因素就是当地居民的切身利益。

当地社区的居民应该积极地参与到景区的开发和建设中去，因为他们长期在当地生活，更了解当地的历史文化和发展情况，对当地的旅游发展事业是一种很大的助力。如果当地的居民搬出了该地区，那么虽然有游客在该地区旅游，但是整体上就缺少了淳朴的民俗风情和温暖的人文气息，这对游客的旅游体验其实是有害的。对于旅游开发的各种决策以及建设过程中出现的问题，社区居民为了维护当地的生态环境，应该主动地提出自己的意见。当地社区管理者要主动地与开发商进行沟通、交流，及时地向开发商传达当地居民的建议，目的是让开发商和经营者按照可持续发展的方式来进行景区的开发，控制景区开发的过度商业化。

景区过度商业化是多种因素共同作用的结果，会给旅游目的地发展的各个方面带来一定的风险。政府和开发商等利益主体必须要意识到景区过度商业化带来的危险后果，积极采取合理有效的措施控制景区的商业化进程，避免急功近利、唯利是图，为景区的可持续发展同心协力，贡献力量。

四、社区参与层面的问题

社区层面的问题主要是社区被动参与，没有积极性，对文化遗产的保护意识及对本地遗产的了解程度不高。

1．社区参与旅游的相关概念

我国《现代汉语词典》对社区的定义是："城市中以某种社会特征划分的居住区；我国城镇按地理位置划分的居住区。"简言之，社区就是人们群居的地方。本文中所提到的社区专指旅游开发区所在的村庄和城市。在当地旅游业发展之前，村庄和城市的居民主要从事农业或者工业劳动，在当地旅游资源开发后，当地社区成为被开发的旅游资源之一，居民参与旅游发展并成为其中的利益相关者。

国外学者墨菲在其著作《旅游：社区方法》中首次提出了社区参与旅游业的概念。此后，国内外许多旅游科学家开始从社区的角度研究旅游。国外研究更倾向认为，社区参与旅游意味着当地居民有能力配置资源、制定规则和进行管理。国内有观点认为，社区参与旅游意味着社区是旅游发展最重要的主体，参与旅游规划、旅游开发等旅游发展关键问题的决策和实施体系。

社区参与旅游业实际上是由多种社区因素及其居民的意愿决定的，涉及旅游规划、旅游经营活动、环境保护、社会和文化关怀等。居民作为社区的主体，以各种方式参与旅游产品的设计、管理和销售等各个环节，并获得相应的利益，这一点至关重要。社区参与旅游业的重要性主要体现在两个方面：一方面是能使社区居民的收入得到提升，另一方面是可以有效地减少旅游业带来的负面影响，有助于促进社区和旅游业的协调发展。

2．社区参与旅游发展的对策

（1）拓展居民的参与形式

社区是旅游景区不可或缺的一部分，它不仅是地方文化活动和民俗民风的承载体，也是游客进入景区时必然会接触到的一个群体，因此社区参与是旅游业发展的驱动力。为了提高这一内在动力，我们需要拓展居民参与的形式，让居民从被动参与转变到主动参与，从初级参与提升到参与旅游的各个环节和领域，真正形成社区与旅游产业的同步发展。

首先，社区可以参与入股。社区可将土地、旅游资源、劳动力和居民资本投资入股，以筹集资金，建立社区旅游协会、社区旅行社和社区旅游服务中心等社区旅游企业，社区居民可根据自己的意愿到企业工作，主要负责社区环境卫生、公共安全和秩序等。社区企业给社区居民提供了工作岗位和就业机会，社区居民一方面能获得工资收入，另一方面还能按一定比例享受企业分红收入。

旅游风景区可持续发展的关键因素还涉及居民参与开发决策，以及居民对旅游开发的态度和意见。景区管理经营者可以通过问卷调查和抽样调查的形式来获取居民对景区发展规划的希望和意见，以此促进旅游景区的可持续发展，实现物质利益、生态利益和社会文化利益的公平。旅游公司的经营决策由股东大会和企业员工大会共同决定。社区公民参与决策过程，并合作寻找可用的旅游资源，如当地教育机构收集的专家意见、资金、数据和分析结果等，让居民参与景区开发的全过程，促进开发商与居民的互动，使旅游业的发展能够充分反映社会形势和民意，能够反映当地的自然和文化特色。

（2）加强教育培训

在一些旅游业发达的国家或地区，社区是旅游研究和规划的核心，对当地居民的教育和培训是社区参与旅游业的重要环节。加强对社区居民的教育培训，既能增强社区居民的旅游意识，又可以提高社区居民在旅游开发中的生存技能。最后，社区居民从主体与环境的被动关系转变为对等关系，使其对旅游产业的参与具有现实意义和实践效果。具体可通过组织他们对旅游知识进行学习并培训他们的从业技能，从而最终提高他们对旅游业的参与能力。

（3）建立健全社区保障机制

如果社区居民能够在旅游业的发展中得到好处，在生存环境和经济利益上都能得到保障，他们就会对旅游业持支持和欢迎的态度。否则，如果他们对旅游业采取反感和排斥的态度，就会影响旅游业的可持续发展，甚至导致旅游业的停滞不前。所以要健全对社区利益的保障机制。

首先要建立健全相关法律法规。政府应以现有旅游法规为基础框架，再进一步制定出更详尽的关于旅游经营和旅游管理等方面的法规，各种规定的限定条件需要进一步细化并控制在一定的范围之内。在保障多方利益的基础上使相关政策依据更加丰富完善，在旅游业发展过程中限制强势利益相关者的非标准化行为，确保弱势群体公平地享受其权益。

其次，政府要引导建立风险基金。一般来说，社区参与旅游业可能会有两种风险，一种是自然风险，一种是市场风险。在对风险的控制过程中，政府要发挥主导作用，尽量协调好各方利益主体的合理权益，将风险损失降到最低并对风险设立补偿机制。例如，引导所有利益相关者共同建立风险基金体系。可以按两种方式进行操作，第一，按照社区居民的股金比例设立风险基金，每年在分配前从一般营业利润中扣除一小部分作为风险基金，每年进行充实；第二，可以由政府与社区旅游企业联合设立，即政府每年拨出一定数额的资金，社区旅游企业拨出一定数额的利润，共同组成风险基金。

最后，各利益主体的相关责、权、利要得到进一步明确。明确各利益主体的相关责、权、利，目前采用比较普遍而且也比较有效的方式是签订合同。以文字形式确定的各利益主体的责、权、利更能得到有效的法律保障，另外，当出现纠纷时，合同也可以成为处理争端的法律依据。

五、利益分配层面的问题

这一层面的问题主要是利益分配不均，开发商与社区居民协商不够。作为一项综合性的社会、技术和经济活动，旅游业发展涉及社会的许多领域和众多的经济部门，它必将关联到社会、经济、文化各个领域的相关利益主体，利益关系错综复杂。

1. 旅游开发中的主要利益相关者

核心层利益相关者指与旅游业发展关系最为密切，在旅游业发展中具有直接的经济利益、法律关联和道德制约的个人和群体，包括旅游开发商、地方政府、当地社区和游客。通过参与，他们与旅游业发展活动产生直接的关联。他们既受到旅游业发展的影响，也影响着旅游业发展的进程。在旅游业发展的所有阶段都必须考虑到他们的利益，其中大部分是经济利益。

（1）开发商

旅游开发商作为旅游项目开发的主导者，在整个开发的过程中起着不可替代的作用，换言之，该旅游项目是否可以顺利地进行下去，很大程度上取决于旅游开发商的综合实力，其中包括开发商是否具备雄厚的资金实力，是否具备旅游开发的经验及项目洞察力，当然，也包括开发后的经营能力。总体来说，旅游开发商投入大量时间、精力与金钱，其目的在于获取更大的经济效益。

旅游业的发展需要有大量的资金投入，现阶段资金短缺是我国旅游业发展面临的主要问题。政府很难一次性拿出大量资金来进行旅游开发，因此，民间资本逐步通过收购经营权、合作开发或者租赁经营等方式介入旅游业的发展。开发商是通过资金、管理和技术投入取得旅游资源开发经营权的，所以应当享有相应的经济效益。

在旅游开发活动中，旅游开发者的主要任务是筹集资金，引入先进技术和开发管理经验，结合项目的特点和市场需求，开发出品位合理、适销对路、内容新颖的旅游产品，不断提高旅游开发水平，增加经济效益；在遵守有关法律法规的前提下，旅游开发商要接受有关政府部门的管理和监督，同时还要处理旅游开发和社区居民之间的关系，协调与其他相关企业之间的关系；在各项基础设施的规划和建设中，充分考虑当地居民的需要，尊重当地居民的意愿，听取他们的意见，征求他们的同意和理解，以减少对当地居民的负面影响。在企业的中长期规划中，目标之一应该是增加当地居民的收入，改善当地居民的物质和精神生活条件，以确保旅游业的可持续发展。

（2）社区居民

在旅游产业的发展过程中，生活在当地社区的居民绝对不是置身事外的角色。他们不仅是旅游开发活动所带来的影响的直接承受者,而且还参与了旅游开发的过程并影响着开发的进度,在旅游业的发展中起着尤为重要的作用。与开发商和政府不一样,旅游地社区居民更加关注的是收入水平的提高以及生活条件的改善。

景点开发区的居民和旅游开发地区之间有着直接的利益关系,并且这些人们都是长时间在该地区生活的,对当地的文化特色有着独到的理解,来旅游的人们会享受到当地的资源,而居住在这里的人们会直接受到旅游业的影响。在旅游景区开发过程中不可避免会展现出当地特色和人文素养,当地居民在平时的生活中所处的一些自然环境,还有社区的文化环境等都是非常重要的旅游资源。但是旅游开发也会带来一些问题,比如说会导致社区居民的生活环境发生变化。在旅游开发的过程中会带来很多的影响,其中有好的影响,也会有不良的影响,所以当地的社区居民对于旅游开发也有着一定的话语权和参与权,他们有权利从旅游开发建设中获取利益,受到不良影响时也有权要求旅游开发商给予合理的补偿。

旅游开发区的居民们与旅游开发活动有着非常紧密的关联,之所以居民会支持旅游产业的发展,是因为他们在旅游开发的过程中会得到一定的收益,在参与的过程中能获得相对应的工作报酬,使自己的收入得到提高,生活条件得到改善。另外,当地的居民也想通过旅游开发的机会让当地经济得到更加快速的发展,同时他们也希望保护当地的生态环境,使当地的历史文化和地域特色可以持续地发展下去,从而保证本地区旅游产业的可持续发展。

(3)地方政府

地方政府是旅游业发展的监督者和协调者,对旅游业的顺利发展起着重要的调节作用。政府追求的是社会公共利益的最大化,关注的焦点是税收、创造就业机会、吸引投资以及地方社会秩序的稳定。

政府在旅游发展过程中发挥着重要作用。地方政府要运用经济和法律手段对旅游开发商的开发活动进行监督,确保其走可持续发展的道路;要协调旅游发展过程中不同所有者、经营者、管理者和员工之间的矛盾和冲突，确保旅游业发展的顺利进行；要维持正常的贸易体制，以公平的立场向行业和公众提供信息和服务；还要为旅游业的顺利发展提供一些必要的设施，并负责制定支持投资的政策和提供充分的发展空间。

作为旅游业发展活动的参与者之一，地方政府普遍认为发展旅游业是增加收入、促进地方经济发展和增加就业的一种手段。地方政府一方面希望通过旅游开发活动吸引投资，获取经济效益，增加政府收入，促进当地经济发展，促进就业，提高居民生活质量，确保当地稳定；另一方面也希望保护当地独特和稀有的自然、社会和文化资源，保护整个区域的生态和社会环境，并通过旅游开发和建设实现整个区域的可持续发展。

（4）旅游者

旅游者也称游客，是旅游开发项目的最终服务对象，决定了旅游开发活动是否可持续进行下去。在旅游活动中，游客关注的焦点是他们能否拥有完美的旅游体验。

旅游者是旅游开发活动的需求方，是旅游项目开发后进入市场的消费者。对旅游者的吸引力是旅游开发的一个重要目标，旅游者对旅游开发产品的满意度决定了旅游开发的成败。从根本上说，旅游项目的经济效益必须通过游客的满意度和消费的程度、结构和规模来实现。

旅游者对旅游业发展的兴趣不同于其他利益群体。虽然他们也关注旅游产品的价格，但经济利益并不是他们的核心追求。旅游者对旅游业发展的兴趣首先体现在他们希望旅游业发展能够提供他们需要的旅游景点、旅游设施及旅游服务，也就是说，他们要求开发出满足他们需要的旅游产品。通过购买和消费该产品，游客可以获得物质、精神和文化方面的愉悦以及良好的旅游体验。游客在旅游市场和旅游产品上寻求满意的旅游体验，他们会倾向管理到位并能提供高质量的服务的旅游目的地。

在旅游开发过程中，开发商追求经济利益，游客追求完美的旅游体验。当地政府和社区居民除了追求经济利益外，更关注旅游活动对社会、文化和环境利益的影响，在这方面的要求更高。

2．旅游开发对社区利益的影响

具体来看，旅游开发对社区利益的影响主要体现在经济、社会文化和生态环境这三个方面。

（1）经济影响

旅游地区的经济状况和旅游开发活动有着直接的联系，旅游开发的收益可以直接影响旅游开发区的经济状况。乘数效应理论可以完美地说明这一点。一个行业对外的投资和盈利不仅可以给自己带来更多的收益，而且还能起到带动周边行业或周边地区增加收益的连锁反应，整体带来的效益是非常可观的，这就是所谓的乘数效应。具体到旅游活动中，因为旅游人数的增加，城市的旅游收入也会随之增加，那么该城市的人流量就会增大，相对应地会带动整个城市的经济发展。当旅游收益流入该城市后，也会带动旅游者在该城市周边的消费状况，会直接或者间接产生一些生活方面的消费。在消费需求的推动下，生产生活用品的企业也会从中受益，进而会有各种经济方面的连锁反应产生。这种连锁效应会慢慢地扩大，从而带动整个城市或者是全国的经济水平，形成一种强有力的经济循环。

经济方面的积极影响主要体现在以下几个方面：

首先是促进社区经济快速发展，社区居民生活水平不断提高。在促进本地旅游业发展的同时，旅游开发从全国各地带来了很多游客。随着游客的增加，当地服务和物资需求是不断增加的。旅游消费增加之后，宾馆、餐饮、商品销售也迅速发展，地区收入迅速增加，带动区域经济的发展。由于旅游业和其他产业之间的相互依存，其他相关产业也发展迅速，短期内就业和供给大幅增加，为当地居民创造了就业机会。同时，旅游景区开发之后也需要大量的工作人员和服务人员，这就给当地社区居民带来了工作岗位，可以解决某些社区居民的就业问题，从而提高社区居民的收入水平。

其次，旅游产业的开发建设带动当地其他相关产业的发展，也带来大量的人员流动，间接地促进了各个地区之间的经济合作关系，从而带动多个区域经济共同发展。尤其是一些经济落后的山区或者农村地区，旅游业的发展对促进区域经济发展具有重要作用，因此旅游业也是一种扶贫、脱贫的有效途径。

再次，旅游开发可以促进当地社区的基础设施建设。发展旅游业需要更好的基础设施条件，所以旅游业的发展可以促进交通建设、通信建设和网络建设，以及水、气、电、热等社区基础设施的建设。不仅提高了外来旅游人员的旅游体验，对社区居民也是非常有利的，改善了他们的生活条件。

最后，旅游开发还能提高当地知名度，吸引投资商和企业进驻当地。旅游活动在开展过程中，游客会从不同的地方带来信息，同时也会把本地的信息传递出去，旅游业起到信息交流的作用，是当地对外宣传的一种有效手段，对一个地区的发展起着重要的推动作用。当地知名度提高之后，能进一步吸引更多投资商和相关企业入驻当地，从而促进当地经济的更快发展。

旅游开发给社区带来的消极影响主要体现在以下方面：

一方面是社区不稳定性增加。旅游业的发展给社会带来了许多好处，但不应过分依赖旅游业，如果一部分人口过分依赖旅游业，就会损害社区的经济稳定。旅游业是非常敏感的行业，如果外部环境发生变化，旅游业的发展也会受到影响。例如，曾经的非典以及 2020 年以来人类所经历的新冠病毒疫情，对旅游行业发展形成了巨大的冲击力，对旅游业及相关产业产生了巨大的影响。而且通常人们是在假期和舒适天气下旅行，所以旅游活动还有季节性因素，因此相关工作岗位也会受到季节性的影响。在旅游淡季，因为游客数量少，造成该地区的旅游收益不高，从事旅游服务的社区居民失业现象增多，导致社区居民生活的不稳定性增加。

另一方面是导致社区居民生存压力增大。随着外来投资者在当地开发景区，许多外来的专业人员也参与到当地的旅游经营活动之中。当地居民通常由于受教育程度不高，受文化水平、知识和技术等诸多方面的限制，他们基本上只能做一些相对简单的体力劳动，从而不能得到更多的工作报酬，无法让自己的生活水平得到大幅度提高。另外，随着旅游业的发展，高技术含量的设备也逐渐代替了本地人的工作岗位，在无形中给当地居民带来很大的生活压力。

（2）社会文化影响

旅游业的发展与社区的社会文化有着直接或间接的联系，旅游者在旅游活动中不可避免地要与当地人进行交流，直接或间接地影响着当地社区居民的生活和文化。

积极影响主要体现在以下几个方面：

一方面是促进当地社区文化和外来文化的交流。不同国家、不同地区之间有文化差异。认识和体验这些差异是人们去不同地区旅行的原因之一。旅游业的发展会把游客带到目的地，游客在体验当地的社会文化的同时，也给目的地带来了不同的文化风格。当地社区居民通过与外来游客接触，了解到更多的外部信息，促进了本地和外地之间的文化交流和融合。

另一方面，旅游产业的开发能增强对地方文化和古建筑的保护力度。通过旅游开发活动，具有当地特色的文化艺术形式被积极挖掘和利用，从而重新获得了生命力。现在旅游业的发展越来越快，人们对特色区域的认识逐渐加深，曾经被忽视的艺术表现形式，在得到旅游者的认可后得到了广泛的发展。旅游产业对于一些被遗忘的传统习俗和文化活动进行了改造和恢复，促进了当地居民对传统文化的热爱和保护，游客对当地文化的欣赏和认可，为当地艺术家和工匠提供了就业机会。同时，年长的艺术家可以招募年轻的实习生，传授技术。还有一些古老的历史建筑，由于它们的审美和历史价值，成为当地的魅力所在，作为旅游资源的一部分，得到了定期的维修和保护。

旅游开发活动对当地社会文化带来的消极影响主要体现在以下方面：

首先是占用了当地人的生活空间，在一定程度上影响了他们的日常生活。随着景区的开放，大批游客开始涌入当地，导致原来宽敞的生活空间变得狭窄拥挤。这些行为严重影响了原有居民的生活规律和生活方式。

其次是导致了社区文化的破坏。当地社区文化之所以能吸引旅游者，是因为它出现在特定的时间和地点上，并且有独特的内容和表现形式。但是在景区开发之后，特定的传统几乎每天都在以表演的方式举行，使得这些活动失去了原本的内涵。

最后，大量游客从外界带来的信息，可能对当地居民的道德观和社会价值观形成冲击，使原本淳朴、自足的当地居民对本地生活产生不满。

（3）环境影响

环境方面的积极影响主要体现在以下几个方面：

一方面是提高当地社区居民的环境保护意识。发展旅游活动离不开良好的自然环境，旅游开发注重文化设施建设、生态建设和环境保护等问题，旅游发展与环境保护在本质上具有内在一致性。旅游的发展给当地居民带来了经济利益，居民受到环境保护的恩惠，提高了保护环境的积极性。例如，作为肯尼亚生态旅游的一部分，政府鼓励当地居民加入与野生生物保护相关的产业，如旅游、畜牧、粮食供应、特产制作等，使当地居民受益于旅游行业，并意识到需要对环境进行维护，让游客们持续喜欢此地，进而支持、参与到对环境的保护活动中去。

另一方面是可以促进对土地资源的利用。旅游业的发展需要拥有大量土地，可以使当地一些原本处于闲置状态的土地或者无利用价值的不良土地经过开发，改造成特殊的旅游用地，使土地的使用价值得到最大限度的发挥。

旅游开发对社区环境的消极影响主要体现在破坏社区环境。旅游业的发展虽然有助于当地生态环境的创造和保护，能提高市民的环保意识，但同时也会给当地社区环境带来很大的损失。旅游商投资发展旅游产业的过程中，因为开发商的主要目的是获取丰厚的经济价值，有时会存在急功近利、破坏性建设的现象，只看重经济利益，而忽视旅游活动对生态环境造成的破坏。另外，旅游规划不当也会对当地自然环境造成极大损坏，例如，在海滨旅游开发初期，我国很多沿海地区都曾投入大量资金，争相修建海滨观光大道，造成了极大资源的浪费，也是对当地海滨环境的一种破坏。很多自然风景区也有同样的事情发生，开发商在自然风景名胜区内建立大型的游乐场或现代星级宾馆，给当地的自然环境带来了严重的损坏。

3．旅游开发商与社区居民之间的关系

旅游开发是一种综合性产业，在开发过程中势必会牵扯到多方的利益，如果其中的利弊关系处理不得当，则会对项目开发的进展形成不利的影响。其中，开发商与当地居民的利益关系最为重要，此时，两者之间的关系也不仅仅局限在经济效益方面，更涉及文化与社会等方面的多种因素。所以说，旅游开发商和社区居民的关系是较为紧密的。一来，项目的开发会帮助当地的居民提升生活水平，二来，居民也可以为旅游项目所需的人力资源提供必要的劳动力，因此，两者之间互惠互利，会形成一种共赢的状态。

4．旅游开发中利益分配现状

（1）当地居民可以获取收入的来源

大部分的旅游开发商会给当地居民留下部分收入的来源，两者之间更像是一种合作的关系，其具体的来源如下：

第一种为劳动收入。旅游项目一旦开发成功，需要大量的人力资源来维持景区的正常运转，如果此时大量聘用外来人员是不现实的，像清洁工这样的岗位如果使用外聘的劳动力，则开发商的用人成本会增加，因此，当地的居民成为最好的选择，他们不仅熟悉当地的地形情况，而且居家就可以工作，不用太过于担心人员流动的问题，因此，旅游项目中的各项工作都可以为当地居民提供收入来源。

第二种为营收来源。一般情况下，在景区的附近会有大量的民宿与饭馆，还包括一些当地土特产的经营活动，这些都成为当地居民的一种收入来源。

第三种为居民入股来源。项目开发需要投入大量的资金，此外，景区的旅游设施在后期还需要不断地进行维护，这些都是需要资金进行支持的。此时，开发商会鼓励居民进行入股，只要投入资金，一段时间后则会得到相应的红利，因此也普遍成为当地居民的一种收入模式。

第四种是占地收入。开发商在占据居民土地之后，除赔偿费和安置房，还会定期地给予居民相应的补助资金，对居民来说也是一种收入来源。

（2）开发过程中存在的利益分配问题

总的来说，旅游开发过程中的利益分配是较为松散且没有完整流程的，并没有一套可以直接使用的分配机制，因此，在分配的过程中会存在着各种各样的问题，其中具体的问题如下所述：

第一，旅游开发商的收益远远高于当地居民。开发一个旅游项目并非一件容易的事情，需要投入大量的资金。由此，各个开发商也都望而生畏，这种情况非常不利于当地经济的发展。因此，政府方面开始大力扶持这些开发商，各种各样优惠的政策必然会导致一种"谁投资，谁获益"的状况，所以说，旅游开发商的收益是非常理想的一个状态。

第二，收入差距的拉大。旅游项目开发后，会提供不同的岗位，由于这些岗位的技术要求、水平要求都存在一定的差距，不同岗位的工作者收入呈现出了两极分化的情况。其中还存在一些无法接触到岗位的居民，这部分居民的收入几乎为零，由此居民与居民，居民与开发商之间的收入差距在逐渐拉大。

第三，分配方式的不合理。目前而言，项目利润分配的方式较为简单，也最为直接。但这种分配方式渠道比较窄，局限性较大，也就是谁参与谁获利，这样非常不利于项目收益合理分配的进一步完善。

第四章　国内外同类遗产旅游开发案例分析

世界遗产地蕴含着独特的文化价值和经济价值，因此近年来在世界范围内普遍掀起了开发热潮。然而在开发过程中存在一些明显的问题，例如管理机制不健全和破坏性开发，等等。世界文化遗产体现了人类生态文明，延续了世界历史文脉，是人类文明最重要的物质载体，因此我们对世界文化遗产的开发不能急功近利、唯经济利益是图，一定要坚持可持续发展的道路。坚持可持续发展，是世界文化遗产保护利用与城市创新发展的重要战略纲领，交流互鉴和深化合作又是贯彻世界文化遗产集体保护理念的重要机制，公众参与是世界文化遗产价值传承与城市可持续发展的重要基础。

唐崖土司城遗址作为世界文化遗产，具有世界文化遗产所必需的独特性文化和普遍性价值。通过对国内外同类遗产开发进行比较分析，可以扬长避短，吸取经验和教训，借鉴好的开发理念和模式，充分挖掘自身文化价值，在开发进程中发挥资源价值的优势，同时促进城镇及社区的可持续发展保护。

第一节　同类遗产旅游开发案例

一、国内同类遗址开发案例

1. 永顺老司城遗址旅游开发

老司城遗址境内的重要遗存溪州铜柱 1961 年被国务院确定为第一批全国重点文物保护单位；老司城遗址 2001 年被国务院公布为全国重点文物保护单位，2011 年被中国社科院评选为 2010 年度中国六大考古新发现，同年被国家文物局评为 2010 年度全国十大考古新发现；2012 年 11 月被国家文物局公布进入第二批中国世界文化遗产预备名单，同年被评选为湘西最美景区，2013 年被授予中国历史文化名村，2014 年被授予中国传统村落。2015 年 7 月，在第 39 届联合国教科文组织世界遗产大会上，永顺老司城遗址与唐崖土司城遗址、贵州海龙屯遗址一起被列入《世界遗产名录》，共同组成"中国土司遗产"。

老司城遗址也是湖南省域内首个世界文化遗产。它位于永顺县灵溪镇司城村，行政区划上属于湘西土家族苗族自治州。土司城城址在灵溪河畔，距离现今的永顺县城约 19.5 千米。生活在这里的主要族群是土家族，他们是自古以来就定居于此的土家族人。

历史上最早统治此地的是本地部落酋长吴著冲，到唐末五代时期，天下大乱，藩镇割据，从江西进入溪州的军阀彭氏家族，在平定酉水流域各个土著部落的过程中，势力迅速壮大，最后取代吴氏部落酋长，成为该地区新的统治者。传统的部落酋长制瓦解后，开始了彭氏政权在此地长达近 600 年的世袭统治，其辖区随彭氏集团势力的兴衰时有变化，但总体以唐代古溪州地区为中心，在鼎盛时期下辖二十州，范围涉及湖南、湖北、四川、贵州、云南、重庆等省市边区。

老司城最早兴建于南宋绍兴五年，即公元 1135 年，此时是彭氏第十一世土司彭福石庞统治时期，因此又名福石城，是彭氏集团统治古溪州地区的治所，直到清雍正二年（1724 年）"改土归流"时被废弃。

作为我国古溪州地区曾经的政治、生活、经济、文化和军事中心，老司城给人类留下了大量的文物遗存。老司城遗址总占地面积达 500 多万平方米，其中核心城址占地约 19 万平方米，是主要的文物遗存地，其他遗址遗迹沿灵溪河两岸分布，遗存年代范围广，涵盖了从周代天授元年（690年）开始直至明清的各个朝代，主要集中于明代彭氏土司势力鼎盛时期。

老司城城区面积 25 万平方米，主要建筑朝西南方向，地形特征是东北高、西南低，整个城市随之依势而建，体现了湘西地区土家族传统聚落建于半山的选址特征。城址背山面水，四面都是高山，灵溪河环城而过，山水成为天然的屏障，地理位置极具战略意义。中心城址功能完备，分区清晰，有衙署区、生活区、街市区、墓葬区、本地族群信仰区及文教区等，各区域之间有纵横交错的街道，道路系统畅通。

老司城遗址所在地自然条件好，具有良好的生存环境，自古以来就是众多小型族群的聚居地。现在的老司城及周边居民沿河流两岸平缓处居住，分为六个自然村落，分别是左街（向家湾）、周家湾、杨茶枯、喻家堡、谢圃、响塘。

老司城遗址申遗成功以来，政府健全了对老司城的保护性法律法规和制度体系，落实了经费，明确了管理队伍，实施文物保护展示工程项目，加强对遗址的保护；加强对土司文化的研究，注重提升保护管理水平。与此同时，采取多种措施加强旅游开发，首先是积极开展景区示范创建活动，2016 年 12 月完成国家 4A 级景区创建，目前正按照国家 5A 级旅游景区创建标准，积极完善相关配套设施，开展 5A 级景区创建工作。其次是通过文旅融合，推动全域旅游发展，当地充分利用土司文化遗产这一金字招牌，将土司文化作为永顺县文化旅游的灵魂，整合资源优势，全力打造"土司王村—芙蓉镇""土司王城—老司城""土司运河—猛洞河""土司佛园—不二门""土司庄园—小溪""土司村寨—双凤"等融历史文化、自然风光、土家族风情、宗教祭祀等为一体的旅游景点，不断提升旅游文化核心竞争力，使土司文化得到广大旅游者的认可。第三是加大宣传。举办了老司城旅游产品推介会、土家族舍巴节、清明节祭祀、世界文化遗产日等重大活动 40 余次；出版了《阅读老司城》《走进司城村》《湘西土司稽古录》等一批书籍；在央视、湖南卫视等主流媒体宣传报道老司城；在高铁站、高速公路投放广告若干条。

唐崖土司城遗址与老司城遗址在很多方面具有相似性，同为原生态、原遗址、原文化、原住民的重要承载地，至今保存有完整的格局、大型的规模、丰富的遗存，是最具价值特征代表性的土司城遗址，是中国西南山区与中央政权核心地区在地理和文化上的最前沿交汇地带，是土司制度实施的典型先行地区。

在同类土家族建筑遗产中,老司城遗址是咸丰唐崖土司城遗址文旅融合开发最可借鉴的案例,二者在地理环境、族群属性、行政级别、功能构成、聚落形态、建筑风格等方面显著地表现出土司遗存特有的共性特征和内在关联,展现了中国古代中央政权与地方族群间在民族文化传承和国家认同方面的人类价值观交流,见证了古代中国作为统一的多民族国家对西南山地多民族聚居地区的独特的管理智慧。

2. 贵州海龙屯旅游开发

贵州省的海龙屯遗址位于遵义市汇川区高坪镇,离遵义市老城区约 28 千米。海龙屯又称龙岩囤,所属年代主要为宋明时期,是我国又一处保存比较完整的土司城堡遗址。目前在遗址区发现的主要遗存有铜柱关、铁柱关、飞虎关、飞龙关、歇马台等。

唐代时期,"南诏国"的彝族人占领了以今天遵义为中心的播州地区。唐僖宗乾符三年,即公元 876 年,杨端响应朝廷征募,入播平息混乱。收复播州之后,杨端被朝廷允许"世袭"该地,由此在播州开始了持续 700 多年的杨氏土司政权。

杨氏政权建立之初,出于军事防御的需要,在播州西北 15 千米的龙岩山上修建了龙岩囤,平时训练军队,战时作为行政和军事中心。南宋末年,为了防止元兵的入侵,龙岩囤扩大和加强了规模,建立了"养马城"和"养鸡城"形成体系,并与附近的娄山关和鼎山城形成纵深防御体系。海龙屯在明朝时期又得到了大规模的加固和重建。

明朝末年,播州宣慰使、杨氏第 29 代土司杨应龙与川、渝地方政权发生矛盾,后演化为军事叛乱。1600 年,国力衰竭的明朝廷倾全力调集 8 省 24 万军队分 8 路进攻播州,发动了历史上著名的"平播之役"。经过 100 多天围攻,最终攻下海龙屯城堡,结束了历经 29 代的杨氏土司政权在播州的统治历史。

作为一座古代军事屯堡,海龙屯是杨氏土司统治期间这段历史的见证,具有重要的历史和文化价值。首先,它是历史上著名的平播之役的主战场,见证了杨氏土司政权统领下播州的辉煌与覆灭。其次,海龙屯是中国唐宋时期羁縻制度和元明土司制度结合的产物，见证了中国少数民族政策由羁縻制度发展到土司制度，最后再到"改土归流"的完整演变过程，对于研究我国古代民族政策的演变具有重要的参考价值。

遗址所在地三面环水，一面衔山，地势险要，如今还存在周长约 6 千米的环囤城墙，囤东有铜柱、铁柱、飞虎、飞龙、朝天、飞凤六关，囤西有后关、西关、万安三关。囤顶地势平阔，囤内遗有"老王宫"和"新王宫"两组重要建筑基址，面积均在 2 万平方米左右，此外尚有金银库、四角亭、采石场、校场坝、环囤马道和敌楼等遗迹。海龙囤遗址是贵州境内目前仅见的一处大型军事建筑与宫殿建筑合二为一的遗址，也是当今中国乃至亚洲保存完好的中世纪城堡遗址。2015 年 7 月 4 日同湖南永顺老司城、湖北唐崖土司城一起，在第 39 届世界遗产大会上获准列入《世界遗产名录》。

海龙囤申遗成功后，管理方健全对遗址的管理机制，加强监测预防，大力实施文物保护措施，并通过 PPP 合作模式引进传奇文化（贵州）景区运营管理有限公司运营，采取了一系列文化打造、品牌打造方面的运营措施，扩大海龙屯的知名度，形成品牌效应，促使该地的文化旅游产业得到长足发展。首先是在文化研究和宣传推广方面，完成纪录片《海龙屯》的拍摄，出版了《土司制度与土司文化新论》《播州土司史》等学术专著，编辑印制了《海龙屯光·影》等宣传画册，创作完成长篇小说《古今海龙屯》，持续地进行宣传造势。其次是连续举办了八届"娄山关·海龙屯"国际山地户外运动挑战赛、中国自行车联赛和全国女子围棋甲级联赛等主题赛事，既扩大了海龙屯的知名度，又吸引了外部投资力量。三是打造了下寨土司小镇、茶山星空露营基地、《失落的王国》特展馆，引入仡佬饮食、鹅庄、折扇、古伞等特色店铺十余家，并积极筹备播州土司茶楼剧场，复原古代茶楼剧院场景，举行评书、戏剧表演等活动，完善业态，提升游客快进慢游的舒适感。

通过对比唐崖土司城址与海龙屯，不难发现二者有诸多相似之处，除了共同作为"中国土司遗产"被列入《世界遗产名录》外，还表现在：资源所依托的地理环境都以山地为主，遗存建筑材质以石质为主，遗产可通达性均存在一定瓶颈，交通条件有待进一步提升；在文旅融合开发方面，二者都强调遗产核心区的保护与管控，体现出我国政府对世界文化遗产的充分尊重；在宣传方式上有相同点，都通过书籍、影视剧、新媒体等方式，挖掘、宣传、推广遗产文化价值，扩大土司文化影响力；而且都存在业态较为单一的问题，食宿酒店等配套设施不完善，旅游产品链条不完善，无法留住游客。

3. 平遥古城旅游开发

平遥古城，位于山西中部平遥县，始建于西周宣王时期（公元前 827 年～公元前 782 年），明代洪武三年（公元 1370 年）扩建，距今已有 2 700 多年的历史。迄今为止，古城还较为完好地保留着明、清时期县城的基本风貌，堪称中国汉民族地区现存最为完整的古城。1997 年 12 月作为文化遗产列入《世界遗产名录》。

平遥旧称"古陶"，自公元前 221 年秦朝政府实行"郡县制"以来，一直是县治所在地。明朝初年，为防御外族南扰，始建城墙，洪武三年（公元 1370 年）在旧墙垣基础上重筑扩修，并全面包砖。以后景泰、正德、嘉靖、隆庆和万历各代进行过十次的补修和修葺，更新城楼，增设敌台。康熙四十三年（公元 1703 年）因皇帝西巡路经平遥，而筑了四面大城楼，使城池更加壮观。

平遥城墙总周长 6 163 米，墙高约 12 米，把面积约 2.25 平方千米的平遥县城分隔为两个不同风格的部分。城墙以内的街道、铺面、市楼保留明清形制；城墙以外称新城。平遥城墙现存有 6 座城门瓮城、4 座角楼和 72 座敌楼，其中南门城墙段于 2004 年倒塌，除此以外的其余大部分都保存完好，是中国现存规模较大、历史较早、保存较完整的古城墙之一，亦是世界遗产平遥古城的核心组成部分。此外，还有镇国寺、双林寺和平遥文庙等也都被纳入世界遗产的保护范围。

平遥有中国目前保存最完整的古代县城格局。平遥古城的交通脉络由纵横交错的四大街、八小街、七十二条蚰蜒巷构成。整座城市非常周正，街道横竖交织，街巷排列有致。市楼位于城市中央，明清街位于南北中轴线上。古城建筑分为两部分：城隍庙居左，县衙居右；文庙居左，关帝庙居右；道教清虚观居左，佛教寺院居右。平遥在历史上也被称作"龟城"，南门是头，北门是尾，东西四座城门为四条腿，城内四大街、八小街、七十二条蚰蜒巷仿佛龟背上的花纹，组成了一个庞大的八卦，是华夏文化特征的反映。

　　1986 年，平遥古城被国务院公布为第二批国家历史文化名城。1997 年 12 月，平遥古城申报世界文化遗产获得成功。申遗成功之后，当地政府采取了一系列保护和建设遗址的措施，并着力进行品牌宣传。从 2000 年开始，在当地策划了一系列大型活动，比如"我在平遥过大年"活动和晋商社火节，逐步发展为平遥中国年大型喜迎春节系列活动，每年腊月二十三至正月十六在平遥古城举行。2012 年，平遥县城乡规划局启动了百年古民居修缮工程，政府投资六七百万元对首批 48 处私家传统民居修缮进行资金补偿，使百年老宅恢复了古色古香的传统风貌。2014 年启动了 39 户第二批修缮工程。2015 年 7 月 13 日，平遥古城被评为国家 5A 级旅游景点。2017年 12 月 6 日，被教育部评定为第一批全国中小学生研学实践教育基地。

　　平遥古城的旅游开发及品牌建设总体上是非常成功的。但是开发过程中还是存在一些问题。例如，平遥古城的搬迁问题曾使得古城内的居民与政府产生对峙。平遥申遗成功后，当地政府对古城进行了一系列改造和搬迁规划。据有关专家评估，平遥古城合理人口的上限应为 2.2 万人，而古城内实际常住人口远远不止于此。为保护这份文化遗产，平遥政府及其所属的机关企事业单位搬出古城；一方面因为政府财政收入有限，无力对社区居民搬迁进行补偿，另一方面社区居民本身收入有限，也很难承担城外高额的房价，因此只能继续生活在古城内。古城作为景区开放后，出于保护文物以及为游人提供良好的旅游环境的考虑，有关部门在古城门口处设置栅栏，禁止车辆入内，而生活在古城内的居民每次骑车外出时都要把车子从铁栅栏上搬过去，很不方便。另外，由于政府、医院、学校、市场等的外迁，给生活在古城内的居民看病、孩子上学、买菜等都带来不便。政府发展旅游的初衷是保护资源的同时使社区居民从中受益，但是由于搬迁问题无法解决，导致社区居民利益受损，对旅游开发产生一定程度的不满。

平遥古城作为汉民族地区现存最为完整的古城，与作为土司文化遗存的唐崖古城，二者在民族文化、历史年代、建筑风格上虽然存在较大的差异之处，但共同面临着基础设施落后、交通配套不完善、旅游发展与社区经济之间矛盾突出等问题，在遗产保护思路、旅游开发途径方面有诸多相似的前提，尤其要吸取平遥古城对社区居民搬迁过程中的教训，在开发中妥善处理居民安置问题，保障社区居民的合理权益，协调好与社区居民的关系。

4. 良渚古城旅游开发

良渚古城遗址，位于浙江省杭州市余杭区瓶窑镇内，总占地面积 3 平方千米，始建于公元前 3300 年。

良渚古城遗址地处浙西山地丘陵与杭嘉湖平原接壤地带，地势西高东低，南面和北面都是天目山脉的支脉，东苕溪和良渚港分别由城的南北两侧向东流过，凤山和雉山两个自然的小山，分别被利用到城墙的西南角和东北角。良渚古城略呈圆角长方形，正南北方向，东西长 1 500—1 700 米，南北长 1 800—1 900 米，总面积达 290 多万平方米。城墙底部铺垫石块作为基础，宽度 40—60 米，基础以上用较纯净的黄土堆筑，部分地段地表以上还残留 4 米多高的城墙。

考古学家在良渚古城遗址地共发现六座水门。古城外围存在着由许多条坝体构成的庞大水利系统，说明当时的统治者十分清晰如何规划水利设施建设和管理劳动力，这为人类了解早期国家的组织方式提供了很大帮助。据专家考证，良渚古城外围水利系统是迄今所知中国最早的大型水利工程，也是世界最早的水坝系统（并不是最早的水坝），距今已经有 4 700—5 100 年。

从现存遗迹考证可推测，当时的普通居民住在城的外围，贵族住在城中央的 30 万平方米的莫角山土台上。除了莫角山巨型台址，良渚古城中部位置还有中国新石器时代末期最高等级墓葬群——反山墓地。莫角山土台和反山墓地均于 20 世纪 80 年代被考古发现。在城北偏东 5 千米处为著名的瑶山墓地，曾出土大批最高等级的良渚文化玉琮、玉璧等礼器。从田野考古学角度判断，该处城址应该是良渚古国的"首都"所在地。

良渚古城遗址的出土器物丰富，包括玉器、陶器、石器、漆器、竹木器、骨角器等，总量达一万余件。其中，玉器主要作为随葬品出土于分等级墓地，总数不少于 7 000 件，材质以透闪石为主，器型包括玉琮、玉钺、玉璧、三叉形器、冠状饰、锥形器、玉璜、半圆形饰、柱形器、玉镯、玉织具、玉纺轮等，以及圆雕的鸟、龟、鱼、蝉等动物形玉器。

2001 年 12 月 26 日，杭州市第九届人民代表大会常务委员会第三十九次会议通过《杭州良渚遗址保护管理条例》。2013 年，被国际考古界选入"2011—2012 世界 10 项考古新发现"。2013 年 11 月 22 日，浙江省第十二届人民代表大会常务委员会第六次会议批准《杭州良渚遗址保护管理条例》（修订）。2018 年 1 月 26 日，中国联合国教科文组织全国委员会秘书处致函联合国教科文组织世界遗产中心，正式推荐"良渚古城遗址"作为 2019 年世界文化遗产申报项目。2019 年 7 月 6 日中国良渚古城遗址获准列入世界遗产名录。良渚古城遗址是人类早期城市文明的范例，实证中华五千年文明史。此次申遗成功，标志着中华五千年文明史得到国际社会认可。2019 年 12 月 31 日，5G 全覆盖良渚古城遗址，将赋能良渚文化更好地保护和传播。2020 年 5 月，良渚古城遗址入选首批"浙江文化印记"。2021 年 7 月 11 日，"宫殿巨型木构"展示点正式开放。

良渚古城属于新石器时代晚期的考古学文化，比唐崖土司城历史更为悠久。良渚文化的年代为距今 5 300—4 300 年，持续发展约 1 000 年，属于新石器时代晚期的考古学文化。是长江下游地区首次发现的新石器时代城址，在陕西神木石峁遗址发现之前，是中国最大的史前城址。良渚古城遗址真实、完整地保存至今，可实证距今 5 000 年前中国长江流域史前社会稻作农业发展的高度成就，可填补《世界遗产名录》中东亚地区新石器时代考古遗址的空缺，为中国 5 000 年文明史提供独特的见证。

良渚古城遗址和唐崖土司城遗址都具有规模宏大的古城、功能复杂的水利系统、分等级墓地（祭坛）等一系列相关遗址，在遗产文化的丰富多样性方面具有一致性。尤其是都具有丰富的墓葬群文化遗存，这是二者最大的共同点，因此在旅游模式、产品策略方面互有借鉴的空间。

二、国外同类遗址开发案例

1. 秘鲁的马丘比丘遗址旅游开发

马丘比丘本义为"古老的山脉"，也被称作"失落的印加城市"，是前哥伦布时期印加帝国的著名遗迹。马丘比丘位于现今的秘鲁境内西北方，距库斯科 130 千米，整个遗址高耸在海拔 2 350—2 440 米的山脊上，俯瞰着乌鲁班巴河谷，周围是热带丛林。

马丘比丘约建造于公元 15 世纪，印加帝国开始扩张的帕查库蒂统治时期，是印加帝国全盛时期的建筑。考古加上对早期殖民文件的解读发现，马丘比丘并非普通城市，而是印加贵族的乡间休养场所，类似罗马庄园。围绕着庭院建有一座庞大的宫殿和供奉印加神祇的庙宇，以及其他供维护人员居住的房子。

马丘比丘古城遗址外围是层层梯田形成的农业区，城区面积约 9 万平方米，由 200 座建筑和 109 个连接山坡和城市的石梯组成。城内规划井然，北部多为庄严的宫阙神殿，南部是作坊、居室和公共场所。按照考古学家的划分，城内有三个组成部分：神圣区、南边的通俗区、祭司和贵族区（居住区）。处于神圣区里的神庙是马丘比丘遗址的核心建筑，具有重大的考古学价值。居住区中有一部分是专属于贵族们的，这里的房屋成排地建在一个缓坡上。在主城堡中还有一片区域是专门关押和惩戒犯人的监狱。石头建造的纪念陵墓是宗教仪式和献祭的场所，里面的空间呈拱形，墙壁上还有雕刻。

马丘比丘的全部建筑都是印加传统风格。整个遗迹由数百个建筑物组成，包括庙宇、避难所、公园和居住区。这里还建有超过 100 处阶梯——每个通常由一整块巨大的花岗岩凿成。还有大量的水池，互相间由穿凿石头制成的沟渠和下水道联系，通往原先的灌溉系统。1901 年英国人修通库斯科到这里的铁路之前，小镇不为外人所知。20 世纪 20—30 年代，这里曾是简陋的筑路工人营地，然后逐渐成为一个成熟的、充满印加风情的热闹小镇。

1983 年，马丘比丘古神庙被联合国教科文组织世界遗产委员会批准作为文化/自然双重遗产列入《世界遗产名录》。依据是：历史圣地马丘比丘的印加城市是其周围环境的连接中心，是印加文明的艺术、城市主义、建筑和工程的杰作。马丘比丘古庙位于在安第斯山脉东边的斜坡上，是与环境融合的杰出结果，仿佛它是自然的延伸。马丘比丘历史圣地是印加文明的独特见证，它显示了在空间、领土控制、社会、生产、宗教和行政组织内精心规划的功能分布。马丘比丘历史圣地的历史遗迹和特征嵌入在一个地貌优美得令人惊叹的山脉景观之中，从而为人类文化和自然之间长期和谐与惊人的审美关系提供了一个杰出的例子。马丘比丘历史保护区包括安第斯山脉和亚马孙盆地之间过渡地带的一部分，这里有一系列多样化的小气候、生态环境和具有高度地方性的动植物种类。人们一致认为，这片区域在生物多样性保护方面具有全球意义。

被联合国教科文组织宣布为人类自然和文化遗产后，古城成为秘鲁最繁华的旅游胜地。秘鲁上至共和国总统，下至地方政府官员，都不遗余力地借它宣传秘鲁传统文化和自然风光。政府除花巨资在国际旅游展销会上广做宣传外，还尽量将诸如美洲国家首脑会议等重要国际会议，或者美洲杯球赛等引人瞩目的赛事安排在靠近马丘比丘的印加帝国古都库斯科城举行。会议或比赛结束后，人们便可攀上马丘比丘高山之巅，观看印加舞蹈和太阳神祭祀仪式，凭吊古城遗迹，感受它震撼人心的非凡气势。

马丘比丘"历史保护区"总占地面积为 350 000 万平方米。保护区内受到严格保护，所有接待和服务功能通过离遗址区 6 千米远的热水镇提供。小镇的布局非常简单，武器广场是中心，四周有邮局、教堂和游客中心，主街只有两条：一是火车轨道贯穿的街道，一是从武器广场一直延伸到温泉依山而建的街道。街道两旁遍布酒吧、餐厅、商店和民宿。

唐崖土司城址与马丘比丘均为世界文化遗产，具有世界文化遗产所必需的价值，遗产所依托的地理环境都以山地为主，都以石料作为主要建筑材料，并且都是某种已消失的特殊文化或传统的见证，以至于诸多游客将唐崖土司城址称为"中国的马丘比丘"。与唐崖土司城址和老司城、海龙屯不同的是，马丘比丘遗址的性质为贵族休憩及宗教场所，与土司遗址作为平时政治中心、战时军事中心和重要战役的发生地，在性质上有根本的差异，同时，作为自然和文化双遗产的马丘比丘，遗产保存状况更为完整，自然风光更加壮美，也因此在全世界的享誉度更高，早已成为秘鲁最负盛名的旅游目的地。有数据显示，秘鲁每年接待外国游客的人数均在 350 万人次以上，其中超过半数都因马丘比丘而来；旅游业的兴旺带动了周边城镇的不断扩张，也对马丘比丘所处自然环境和遗产本身带来一定损害。

2. 意大利的白露里治奥古城旅游开发

意大利境内的白露里治奥古城是传统的西方建筑，与意大利现代的建筑风格大相径庭，它属于西方的"非主流"建筑。而且古城所处的地理位置奇特，整座城市建在高高的山顶上，只靠一条狭窄长桥与外界相连，从远处看像一座悬挂在空中的城堡，因而有"天空之城"的美誉。

白露里治奥古城位于如今罗马北方约 120 千米处，城内主要建筑的历史形成年代在两千多年以前。白露里治奥的历史最早可以追溯到史前时代，城内地下发掘出的大坟场证明两千多年前伊特鲁里亚人已经定居于此。历史上曾经属于伦巴地，公元 774 年伦巴第国王查理曼将其归还罗马教皇，12 世纪被授予自由城市，经历了一段文化繁荣时期，1348 年爆发的瘟疫令当地大量人口丧生，导致城市衰落。

1495 年小镇居民赶走了统治这里的奥维多君主，1592 年成立民选政府终结了教会的长期控制。1867 年著名的白露里治奥战争打响，罗马教皇军队与加里波第民兵展开激战，战后小城并入意大利王国。

白露里治奥在 12 世纪已经是教区了，广场上的大教堂建于 13 世纪，文艺复兴风格，门前几根断柱表明旧版教堂更豪华，门前有柱廊，外观是 16 世纪改建的。教堂内供奉着 6 世纪的殉道者天主教圣方济各会重要创始人圣文德的遗体，还有在这一地区广受尊敬的 3 世纪殉道者圣维多利亚的遗物。教堂右侧是文艺复兴时期建的阿勒曼尼宫。

古城规模不大，街道两旁建筑具有中世纪特色，加固的防护墙、拱形的门楣和建在室外的石梯。居民主要从事农业，房屋结构大同小异，底层有马厩、洗衣房和厨房，楼上通常是卧室，也有用来存粮食的，地下室一般设有菜窖、酒窖或加工橄榄油的作坊。

古城被发现之后，吸引了大量媒体的关注，一些研究机构和环保组织也开始介入，这一切也使得政府开始重视古城的开发。在政府的支持下，小城渐渐恢复元气，架起了天桥，重建了供水、供电系统，翻新了街道两侧的房屋，每栋建筑都安装了先进的监控系统，实时观测山体变化。1988年，意大利政府还成立了由公共和私营机构发起的协会，启动了"奇维塔项目"，以科学方法保护古镇。

独特的地理位置、绝无噪声的自然环境和美丽的风光吸引了有心人士前来置业，一些房屋被改建成度假屋，夏季旅游高峰时最多可达 200 人。小镇也成为影视界的宠儿，电影《耶稣受难记》《木偶奇遇记》等曾选择这里作为外景地。

随着旅游资源的开发和媒体大肆报道，这里一度成为世界上最热门的旅游胜地之一。如今白露里治奥古城由于地震、水土流失等原因已蜕变成陆地上的"孤岛"，被列入全球"100 个最濒危遗址"之一。

对比唐崖土司城遗址和白露里治奥古城，可知二者还是具有不少的相同点，譬如地理位置都是比较幽僻独特的，都具有安静的世外桃源般的自然环境和原生态的自然风光，在古镇形象的宣传打造、度假小镇的定位方面互有参考价值。如何在旅游开发中加大对遗址文物的保护，成为二者都面临的重要的课题。

3．约旦沙漠中的佩特拉古城旅游开发

约旦地处地中海东岸，和它的邻国叙利亚、伊拉克、以色列一样历史悠久，古迹众多。其中人气最高的，便是南部沙漠中的佩特拉古城。佩特拉古城位于约旦安曼南 250 千米处，位于连通叙利亚、埃及和阿拉伯半岛的商路交会处，隐藏在一条连接死海和阿卡巴海峡的狭窄的峡谷内，周围是

海拔一千米的山峰。整座古城几乎完全是在岩石上制造而成的。在当地，有些与普通岩石不同的带有微红色的岩石，这种岩石在阳光照射下，显得熠熠发亮，而这特别的颜色给这座古城带来独特而艳丽的特色，形成一道引人注目的美丽风景，因此又被人们称为是玫瑰古城。

佩特拉为公元前 4 世纪—公元 2 世纪纳巴泰王国首都，在希腊语里是"岩石"之意。它的历史可以追溯到史前时代，是纳巴泰人沙漠商队建立的城市，是阿拉伯、埃及、叙利亚腓尼基之间的交通要塞。公元前 1 世纪，佩特拉在国王阿雷特斯三世统治时极其繁荣，疆土曾扩大到大马士革。公元 106 年被罗马帝国皇帝图拉真军队攻陷，沦为罗马帝国的一个行省，曾作为商路要道盛极一时。3 世纪起，因红海海上贸易兴起代替了陆上商路，佩特拉的重要性因此大为削弱，开始走向衰落。7 世纪被阿拉伯军队征服时，已是一座废弃的空城。直到 1812 年后才重新被人发现。

佩特拉古城拥有规模庞大的古建筑群：各种大小不一的神殿、剧场、廊柱、林立的街道、陵墓群、浴场、大型岩石浮雕，甚至还有监狱。这里当年是罗马帝国佩特拉行政区最高司法机构的所在地。而进入古城前的西克峡谷堪称世界一绝。新月形的峡谷通道长约 1.5 千米，最宽处约 7 米，最窄处仅两米左右，两侧雕凿有洞窟、岩墓等。峡谷尽头就是古城的核心建筑哈兹纳赫殿堂（意为金库），殿堂是依山雕凿的，高约 40 米、宽约 30 米，造型雄伟，有 6 根罗马式门柱，分上、下两层，直至洞顶。横梁和门檐雕有精细图案。穿过哈兹纳赫殿堂前面的小谷，有古罗马剧场遗迹，剧场也是雕凿出来的，当时可容纳 6 000 人，看台成扇形，沿山而上排成阶梯，剧场的中央有石柱支撑。剧场后面有一片开阔地，城市依四周山坡建造而成，有寺院、宫殿、浴室和住宅等，还有从岩石中开凿出来的水渠。在东北部的山岩上开凿有石窟，其中有一座气势雄伟的三层巨窟，正面为罗马宫殿建筑风格，是历代国王的陵墓。现在此地设有佩特拉石窟博物馆。

佩特拉古城的大部分建筑是从岩石上雕刻和开凿出来的，具有东方传统和希腊风格。

特拉城地处从阿拉伯半岛到地中海的贸易之路上，这是从东方到曾经广阔的贸易城市的主要入口，古希腊建筑与古代东方传统在这里交汇相融，代表了一种独特的艺术成就，自 19 世纪初以来一直吸引着游客。大量的配水和储存系统创造性地使得入口方法和定居点本身成为可能。这里也是《变形金刚4》和《奇宝奇兵》取景地。

1985 年，佩特拉古城被联合国教科文组织世界遗产委员会批准作为文化遗产列入《世界遗产名录》。2007 年 7 月 8 日被评为世界新七大奇迹。

佩特拉古城和唐崖土司城遗址都以石质为主，都具有绝佳的地理位置和易守难攻的地理优势，多民族融合的历史环境，极具神秘气息。对佩特拉古城遗址的旅游开发时间比较早，因为门票过高及过度开发，在游客的评价中毁誉参半。这是唐崖土司遗址开发要注意的一点。

4. 丝绸之路上的帕尔米拉古城旅游开发

帕尔米拉古城，是丝绸之路上一座著名的古城，被誉为"沙漠中的新娘"。帕尔米拉又名"泰德穆尔"，是位于如今叙利亚中部的一个重要的古代城市，位于大马士革东北方向 215 千米，幼发拉底河西南方向 120 千米处。该地在公元 1 世纪初，罗马第二位奥古斯都提比略统治时期并入罗马帝国的叙利亚行省，成为罗马帝国的属地。帕尔米拉作为连接波斯、印度、中国和罗马帝国的贸易城市得到迅速发展，是商队穿越叙利亚沙漠的重要中转站，也是丝绸之路上重要的商业中心。

帕尔米拉古城遗址目前占地约六平方千米，有古代留下的重要建筑遗迹，如塔楼、神殿、壁垒、墓穴等。其中最有代表性的建筑是贝尔神庙。贝尔神庙的历史可追溯到公元 3 世纪宰努比亚女王统治时期，是典型的罗马式建筑，是目前世界上保存完好的神庙之一。柱廊街遗迹也很引人注目，该街道贯穿古城东西，长达 1.2 千米，整个路面的宽度达到 11 米，正道两侧还有 6 米宽的辅路，其历史也可追溯到公元 2 世纪到 3 世纪。

庞大的地下墓室群是帕尔米拉古城遗址的另一个特色。原址的地下墓室规模宏大，可容纳两百多人，必须通过分成多段的阶梯方可进入。如今这座地下墓室已在大马士革博物馆内得到重建，墓室内摆设有死者半身塑像。在离古城不远的塔德莫尔博物馆里，陈列着从帕尔米拉出土的文物，如古罗马和古希腊的神像、凿花拱门顶石和历代碑碣，还有木乃伊棺椁和大量金银首饰等。博物馆里还有古帕尔米拉人生活复原模型，其中有游牧民和帐篷，有土著人纺织驼毛的情景和茅屋用具等。

1980 年，帕尔米拉古城遗址被联合国教科文组织世界遗产委员会批准作为文化遗产列入《世界遗产名录》。

历史上的唐崖土司城与帕尔米拉都各自处在几种文化的交汇处，多种文化交织，其文化呈现出多元化的特点。唐崖土司城交融了土家族和汉族的艺术智慧，帕尔米拉古城交融了古希腊文化、古罗马文化、古波斯文化等东西方的艺术智慧，宫殿、祭祀场所、大型陵墓成为一个有机整体，凝聚了古人对神灵的信仰和崇拜，蕴含着非常丰富的艺术价值和文化价值。

第二节 文化遗产和旅游的可持续发展

文化遗产是重要的旅游资源，在旅游业的发展中不可缺少，可以促进当地旅游业的发展。因此人们想要让文化遗产和旅游业得到可持续发展状态，就应该努力保护好当地的文化遗产。而解决文化遗产问题的根本所在，就是让当地的旅游业走可持续发展之路。

一、世界遗址保护与开发存在的问题

1. 文化遗产的特点

文化遗产包括五个方面，一是节日，二是口头传说，三是社会习俗，四是传统手工艺技能，五是有关宇宙、自然的实践和知识。文化遗产是具有重要的科学、历史和艺术价值的艺术或建筑作品。因为人们希望对全人类或我们国家的历史有一个直观的感觉或理解，所以对于旅游业的发展来说，文化遗产是必不可少的重要资源。文化遗产反映了人类的发展过程，也是人类文化的载体，通过参观当地的文化遗产，人们对历史探索的需求可以得到满足。总体来看，世界文化遗产具有以下几方面的共性：

（1）整体性

在相同的自然环境和历史环境中，文化遗产可以与周围的环境融为一体。因为文化遗产本身就是一个系统的整体，这就是为什么我们说文化遗产具有完整性的特点。例如我国安徽的宏村，青瓦白墙的徽派建筑与周围的山水环境自然地融为一体，形成了一个非常紧密、不可分割的整体。

（2）永久性

文化遗产的历史遗迹及其所蕴含的丰富的文化信息和历史资料在现今是难以复制的。所以文化遗产的破坏或消失是永久性的。正因为如此，所以我们说文化遗产具有不可再生的特征。比如说随着社会的不断发展，我国很久以前的一些古建筑已经破损或消失，即使今天我们用一些现代化的技术方式或科技手段对这些古建筑进行改造和修复，但始终不可能恢复到原样，尤其是无法恢复蕴含在古建筑中的一些历史和文化信息。

（3）不可替代性

文化遗产是一种在一定时间内形成的遗产，具有不可替代的特征，即使是在同一历史时期由相同的自然环境创造的其他类似的文化遗产，也是独一无二、不可替代的。文化遗产一旦消失或被破坏就不复存在，所以我们说文化遗产具有不可替代性。比如我国的苏州园林，它主要由四个古典园林组成，都有自己的特色，所以它们不能为其他的园林所取代。

（4）稀缺性

随着我国社会的发展，文化遗产也因为自然或社会的原因在不断地遭到破坏。目前我国的文化遗产已经非常稀少，数量在逐渐减少，因此，文化遗产具有稀缺性的特点。虽然我国有五千多年的悠久文明历史，但从我国众多的人口和中华文明的现状来看，我国的文化遗产状况还不容乐观。

2. 我国遗产地旅游普遍存在的问题

截止发稿之前，中国已有 56 项世界文化和自然遗产列入《世界遗产名录》，其中世界文化遗产 33 项，世界文化景观遗产 5 项，世界文化与自然双重遗产 4 项，世界自然遗产 14 项。这些是人类历史遗传至今的瑰宝。世界遗产地的旅游开发得到了全社会的广泛关注，成为吸引游客的重要力量。但是伴随遗产旅游的开发，不少宝贵的遗产资源得到了不同程度的破坏，主要存在以下一些问题。

（1）对遗产地的开发不当

事实证明，每一次世界遗产的成功申报都能极大地提高当地的知名度和声誉，促进当地旅游业的发展，给当地政府带来巨大的经济效益和社会效益。同时这也导致了许多地方政府忽视了申请世界遗产地的初衷，对世界遗产地进行了过于城市化和商业化的过度开发，比如盲目修建索道和缆车，盲目兴建大量宾馆和饭店，盲目建设旅游集市等手段，过度开发旅游资源，超容量开发相关旅游项目，没有按照科学规律合理规划景区的承载力，这些都违反了遗产旅游资源可持续利用的原则，严重损害了世界遗产的原始形态。

（2）我国人口多且旅游资源分布不均衡，导致世界遗产地承担的旅游压力过大。对旅游资源的保护与开发是一个统一的整体，二者应该是相互促进的关系。对遗产地的开发应以保护为前提，因为只有先保护好遗产地的价值，才有进行开发的基础，才能促进当地旅游的进一步开发。另一方面，旅游的开发又可以使遗产价值得到充分地利用和发挥。但是，在我国有些遗产旅游项目上，保护和开发这两者之间的矛盾特别突出，主要表现在我国巨大的旅游人口压力和遗产地保护之间的矛盾。我国是目前世界上人口最多的国家，遗产地旅游业的发展面临着巨大的压力，近几年随着人们生活水平的提高和旅游业的加快发展，大多数世界遗产地都存在着旅游资源被过度开发的情况。

以张家界武陵源风景区为例，该地 1992 年被评为世界自然文化遗产，仅仅六年过后，就因为对旅游资源的破坏性开发和景区内旅游设施泛滥而遭到了联合国教科文组织的黄牌警告，因此不得不花费数亿元拆掉景区内近三十四万平方米的建筑物，重新对景区内的自然和文化遗产进行维修和保养。还有一些景区过于追求通过大规模的游客量带来的经济效益，存在重视门票收入，对景区遗址蕴含的文化价值视而不见，只收钱不科普，重视经济性质忽视公益性质，受到了社会各界的批评，这些都给旅游业的发展带来了巨大的压力。

（3）管理体制落后

我国现行的世界遗产管理体制是多部门、多层次的交叉管理，根据遗产的不同性质，分属旅游、宗教、林业、文物等不同的部门管理。文化类的遗产属于国家文物局管理，自然类遗产属于国家林业和草原局管理。由于遗产涉及的范围很广，会出现一个遗产地归多个部门管理的情况，所以多头管理的弊端非常明显。不同部门有不同的管理角度，在管理过程中会产生一些矛盾，造成管理混乱，体系落后的状况。

（4）法律体系不健全

国际公约和国家有关法律法规是规范世界文化遗产保护和管理的重要依据，目前对世界文化遗产的保护主要以文物保护或景区保护为主，对遗产地的开发和保护缺乏有针对性的法律规程。这是急需完善的地方。

3．遗址开发应遵循的原真性与完整性原则

文化遗产是全人类宝贵的财富，要想使它更好地保存并延续下去，就一定要遵循相关的原则。随着社会经济的发展，旅游业和文化遗产得到了更广阔的发展空间，文化遗产所体现的不仅仅是某个时期的物质文明，更多的是传递了一种情感的信息，是民族历史文化、精神情感的载体。所以对文化遗产的维护不能片面理解为对文化遗产物质实体的维护，不能把物质和精神割裂开来，也就是说，要充分地维护文化遗产的完整性，从而使文化遗产的发展和传承更具稳定性。比如说，圆明园遗址不仅仅是我国文化遗产的重要代表，也对我国国人爱国情感的提升起到很大的作用。它是我们国家一段历史的见证，我们对圆明园遗址的保护更重要的意义是教育国人不忘历史，珍惜当下。文化遗产受到损坏会影响它整体的价值，因为文化遗产与周围的环境是割裂不开的，所以我们一定要重视对文化遗产的保护，为人类历史和世界文明留下更加真实的见证物和承载体。

在保护文化遗产的过程中，更加要注重的是对文化遗产及其整个周边环境的整体的保护，而不是仅仅拘泥在对文化遗产自身的保护上。在实际的旅游开发和建设过程中，比较普遍的现象就是在对某一个文化古迹进行保护时会组织古迹周围的人群进行搬迁撤离，但是我们要知道的是，古迹与长期以来在其周边生存的人群是一体的，保护古迹的同时要保护其周围的人群，在这种整体保护的意识下，才能够真正地实现遗产的可持续发展。另外需要明确的一点是，我们今天之所以要大费周章地对文化遗产进行保护，目的就是让它长存，无限期地延续下去，以便让我们的子孙后代也能领略到这些文物所蕴含的艺术情感和历史文化。总之，我们要实现对文化遗产的有效保护使其可持续发展，就必须遵循一定的原则，采取一些相对科学的对策。

目前在国内对于遗产的研究主要集中在两方面，即原真性和完整性，

具体又涉及不同遗产的内涵、类型、案例等。在研究实际中，总体的情况是，对于文化遗产的研究更多于对自然遗产的研究，在研究的深入程度上也是原真性高于完整性。目前随着社会经济水平的不断提升，国家在相关的研究领域投入了更多的经费，也有更多的专业人员从事该项研究，因此相比于以前，现今对于遗产的原真性和完整性的研究成果也越来越丰富，不过对于完整性原则及原真性和完整性内涵的关联性研究还有待加深，需要引起更多的关注。

对于原真性和完整性的内涵我们要有更明确的认知。

首先是原真性。由于对文化遗产的研究不是一直都有的，因此与文化遗产保护相关的概念也不是凭空产生的，从目前的文献来看，原真性一词最早出现于《威尼斯宪章》中，该宪章内容主要讲述了欧洲对于一些文物古迹保护与修复的概述，也正是从这部宪章问世以后，人们对于文物研究的原真性和完整性的重视程度也更加的广泛。在旅游业越来越趋向商业化的时代，在保障我们获得一定经济效益的同时保持文物的原真性是我们的初衷，因此，协调好文化的意义与历史构造的现实是极其重要的，其中避免了由于强行解说而导致的对原有文化特色的曲解。

其次是完整性。完整，顾名思义是没有遭到破坏或更改的物体的最初状态。我们如今强调的文化遗产的完整性，主要包括了几个重要内容，而这些内容也是衡量文物是否完整的标准。第一，所包含的元素要相对丰富，最起码要包括自然界关系中绝大部分的独立元素。第二，有一定的规模。第三，其中的成分能够展示其对于我们发展旅游可持续性以及保持生态系统多样化和丰富性的重要意义。第四，具有基本的美学价值，能够供人们观赏，给人们带来视觉体验。虽然保持完整性有一定的难度，但是完整性是我们在对文化遗产进行维护和传承的过程中必须要坚持的原则，也应该作为最重要的目标。在现实中，文化遗产的完整性有两种不同的解释：一方面是范围上的完整性。一些留存下来的古代建筑会受到不同程度的破坏，使得自身原有的结构和外形受到磨损。另一方面是文化内涵上的完整性。现实中存在的文物，有的实际上是一种文化意义的承载，比如泰山、华山、老君山等，是中国传统哲学、文学、宗教文化的体现。文化与文物的一体化状态，这反映的是文化遗产的完整性。

原真性和完整性两者相互渗透，相互依存，互为基础，在遗产保护中缺一不可。没有原真性就无法实现完整性，失去了完整性就破坏了原真性。在自然界的不断发展过程中，文化遗产难免受到多多少少的破坏，在不同程度上会失去原有的真实，但是作为文物外的自然人，我们要有保护文物原真性与完整性的主动意识。

在我国关于文化遗产的研究文献中，对于原真性和完整性的主题论述不少，但是总体来说，其主要思想都集中在不能改变文物的原有现状，把保持文物原真性放在重要地位。

国内的此类研究对于我们开展文物保护工作有重要启示，同时也提供了一些论述的结论，甚至对于国际上的遗产建筑修复的问题有重要的参考意义。除了较有代表性的团体性研究，国内也有不少学者的个人研究值得记录。例如，刘临安在研究中第一次将真实性和权威性联系起来；吕舟从文物的材料真实性、工艺真实性、环境真实性三个层面进行了概述，说明了对建筑遗产的真实性的保护如何进行；徐嵩龄更是对原真性一词做出了多层次的诠释，提出了实现遗产原真的主要因素；另外，阮仪三提出了对于文化遗产表现形式和意义衡量的标准是原真性，并且对于国内一些遗产建筑进行的仿建、复原、重建、拆迁保护等工作中存在的误区进行了注解。这些文物研究的先驱为我国的文化遗产研究做出了巨大的贡献，在奠定理论基础的同时，也给予了一定的实践参考，意义非凡。

不过理性分析我们国内目前对于文化遗产领域的相关研究，确实有非常值得推介的概念和经验，但同时也存在着一定的不足，在这条道路上，我们还需要负重前行，背负起相应的责任。

二、旅游可持续发展的内涵及其内容体系

1. 旅游可持续发展的概念

早在 20 世纪 80 年代就出现的可持续发展的概念，不同的学者对它有

不同的定义维度，经济学家、自然科学家和社会学家等不同领域的专家从各自学科角度对可持续发展的阐述形成了关于旅游可持续发展的概念，其内涵十分丰富。

首先，可持续旅游发展要求旅游与自然、文化和人类生存环境形成一个有机联系的整体，在发展旅游活动时不能对我们人类赖以生存的环境以及文化资源造成破坏，并能对自然环境的保护和人类文化的传承交流发挥一定的作用，例如给予一定的资金和相关政策的支持，从而促进旅游资源的持续利用。

再者，要明确的是可持续这个词的本质意义，其要求我们现在拥有的资源既能满足现今时代下人们对于旅游多样化的需求，又能为人类的后代保留充足的资源利用权力。

另外，可持续发展是因地而异的，在国家大的发展背景下，往小的方面来说，各个地区又要根据自身的特色与当地的经济特点来寻找发展的途径；往大的方面来说，还要参考国际在可持续发展方面做出的努力和相关工作，积极借鉴其长处，在全球旅游网络中寻找自身的立足点。总之，对旅游文化的研究是持续进行的，对于旅游可持续发展文化系统中的不同组成部分，我们也必须用发展的眼光来看待。

2. 世界遗产地旅游可持续发展的内容体系

旅游的可持续发展是一个系统的概念，它至少应该包括生态、社会和经济三个层面的可持续发展。这三者必须构成一个稳固的关系，只有每一方都在可持续发展中稳定前进，才能共同整个旅游系统的经久不衰。

首先是经济可持续发展。从浅层次上说，旅游的发展能够带动地区的资金流动，对于当地经济的增长有明显的作用。从深层次来说，旅游业使得人类的经济模式更加丰富，带动了资源的优化，改变了传统的经济结构。

要实现经济方面的可持续发展，根据实际情况不断调整经济政策并提高经济效益是必要途径。比如西方不少国家进行遗产管理制度改革的原因是当前世界遗产数量增长速度过快，在对这些文化遗产进行保护和服务的过程中产生的成本也在不断提升，如果不能创造经济收益来支付不断增加的维护和管理成本,那么对文化遗产的维护就得不到有效的保证,所以需要适当地实现文物管理的商业化。简单地说,就是参观者(旅游者)来景区或博物馆进行旅游活动就必须支付相应的成本费用,或者创造除旅游本身外其他方面的利益空间,如在休闲、娱乐、餐饮、购物等方面给旅游企业带来利润。改变对遗产的管理制度,创造更多的经济来源,这样才可以使遗产资源得到持续的维护。

其次,旅游产业的发展离不开一定的人文地理环境,发展旅游就是不断改善当地生态环境的过程,对于整个生态系统的发展都有极大作用。

加强遗产地管理是推动生态系统可持续发展的必然要求。要保证旅游地区整个生态系统(包括环境生态和文化生态)的可持续,就必须在合理的容量范围内对旅游资源进行开发利用。这是达到可持续发展的手段之一,而不是在旅游发展中实行可持续发展管理战略的目的。遗产地容量的大小通常取决于当地游客的分布、消费能力、认知水平、开发商的运营能力及旅游资源开发利用的具体模式等等因素。

最后,社会可持续发展。旅游是一种积极的生活方式,通过旅游可以提高人们的身心健康水平以及生活质量水平,同时,旅游产业的发展对于当地社会的人口结构、环境健康、社会分配都有诸多益处。另外,旅游的发展可以直接为当地带来一定数量的就业岗位,对于改进社会就业、促进社会公平有积极作用。

旅游遗产地的社会可持续发展要求社会公平和共同参与。如果不能改善旅游利益的分配不公、权利不公以及社会贫富差距悬殊等问题,那社会的可持续发展就无从谈起。应让包括当地居民在内的各利益相关主体共同参与旅游开发活动,都能获得合理的旅游收益,促使社会向公平、良性的方向发展。

对于世界文化遗产旅游这一特定的产业来说,文化的可持续发展也是不容忽视的。旅游可持续发展内容体系中的文化可持续性的内涵是:保持世界、民族和当今时代的文化精神性,对于文化的多样性和原创性给予支持,并在新的历史时期赋予其新的内涵,使其能够世代传承、永续发展。

保持文化的可持续性是遗产旅游可持续发展体系中的重要因素。各个地区的各类古迹、建筑群和遗迹正是由于其所具有的多方面的重要价值而被列入《世界遗产名录》。可以说，文化性就是世界文化遗产的灵魂，也是世界文化遗产旅游可持续发展的根基所在。

3. 遗产旅游文化可持续发展研究的意义

从可持续发展的要求来看，可持续发展理念的提倡其实是提醒我们当代人切忌因私欲而不为后代留路。可持续发展要求人们在发展生产力的同时建立并维持人类与自然的和谐关系，在把握好当今发展的全盛景象的同时也要为未来筹划。从资源上来说，可持续发展引导人们适度利用资源，既减少了浪费又为将来保存了动力，也为大自然留有空间，以便其可以为人类生产更多的可利用资源；从生态环境来看，绿水青山才是我们的归属，建立和谐的自然关系是必然趋势，这不仅有利于提升人类的生活质量水平，更有利于人类的主宰权利的延续；从经济角度来看，注重旅游，注重文化是为我们的经济发展做了更丰富的补充，对于经济的健康发展有极大的促进作用，这使得人类的进步空间更加广泛，并且在发展经济的同时也为文化建设做了良好的铺垫。

总之，旅游与文化是人类在发展历程中不能舍弃的部分，有了文化的填充，旅游的意义才变得厚重，文化所发挥的是加成作用；而有了旅游，又会使文化广为传播，被更多的人所熟知，因此，旅游就是文化的承载体。今天我们面对世界遗产地旅游发展的课题时，必须将两者作为有机的统一体来看待，做好文化遗产的保护工作，利用相关的文化机制进行旅游建设工作才是实现旅游可持续发展的有效途径。

三、世界文化遗产旅游可持续发展文化观的建设

旅游业可以说是近几十年间世界上增长速度最快，获利最多的一个行业。但在改革开放时期，人们的侧重点在于发展经济，从而忽略了经济发展过程中的环境保护问题，而旅游业与环境的关系尤为密切，这导致许多的自然资源遭到了破坏。如今，旅游发展对自然资源的破坏仍是不可忽视

的。旅游业的发展也同其他行业一样，本身仍存在着许多的不足，在过程中需要一定的改革手段，因此，在开展旅游业发展的同时，企业也应注重对当地自然环境和当地文化的保护，树立可持续的旅游发展观。

古时候，人类已经聪明地运用自然的力量，建造了一系列规模宏大的工程。例如，我国"世界文化遗产"都是过去时代的产物，但由于当时人们的技术水平还不够高超，以及受到传统"天人合一"理念的影响，那些宏伟的工程并没有对当时的自然环境造成很大的破坏，相反，建筑与自然相融，形成了独特的人文景观。目光转至现代，随着科技发展水平的提高，人类改造自然、征服自然的意愿空前高涨，于是在改革开放后，人们对自然的利用与破坏行为愈发严重，已经对环境造成了不可忽视的破坏，且这种破坏延续到现在仍未停止，因此可以说，唤醒人们对于自然环境的保护意识，解决对环境和资源的保护问题已经迫在眉睫，刻不容缓。

古人曾教导我们，物极必反，所以我们需要在两种极端的观念之中选择一种适合 21 世纪发展的自然价值观，因此，对于老祖宗留下来的自然文化与世界文化遗产，我们也应当以可持续发展和协调发展的观念去看待它。一方面，人类可以利用这些遗产，通过一系列的改造和开发，从而获得有利于人类生存发展的物质财富。另一方面，通过自然遗产的开发利用，人类也可以从中感悟到历史沉淀下来的文明与文化内涵。因此，无论是为了当下的发展，还是未来的可持续推进，我们都应该像爱护人类自身生命一样爱护这些自然遗产，在对自然遗产的开发利用中，要时刻秉持可持续发展的观念，保证自然遗产的完整性，切不可破坏大自然之间的生态平衡，只有这样，才能够保持人类与自然的和谐统一，也可以为子孙后代留下持续发展的空间。

1. 旅游主体的可持续发展文化建设

与其他旅游资源相比，文化遗产旅游资源具有独特性。首先，文化遗产资源具有高品位、深厚的文化内涵，许多遗产资源的意境比较深刻，题材比较模糊，不能一目了然，欣赏者必须具备一定的文化和艺术素质，有更多的主观能动性才能品味其中的内涵。其次，每一种世界遗产都是独一无二的，也是全人类的共同财富。任何遗产的破坏和消失都是人类文化绝对的损失。所有人都必须承担起保护和爱护文化遗产的责任，尤其是遗产旅游者身上承担着更重的责任，有着更高层次的道德要求。因此，要实现遗产旅游的可持续发展，充分发挥遗产的文化教育功能，实现文化传承和可持续发展的目标，就必须塑造遗产旅游者的文化个性。遗产地的管理者是把遗产资源展示呈现给游客的中间媒介，承担着开发、利用遗产资源的责任，成为遗产资源的第一观赏者和评价者。遗产文化能否得到有效的保护和合理的利用，直接影响着遗产地文化人格的形成。

中国有五千的文明历史，其世界文化遗产大多具有广泛而深刻的文化内涵，这就要求旅游者必须具备较高的文化修养和审美能力，才能真正理解文化遗产的精髓。因此，加强旅游者的文化建设，培养和提高他们的审美能力和文化素养，对于遗产地旅游文化的可持续发展具有重要意义。

首先，要注重对整个民族的素质培养，加强素质教育的力度。经济建设和文化建设两手抓，这既是由当前国情决定的，又是可持续发展对人类提出的内在要求。马克思科学社会主义理论就有关于人的全面发展的论述，实现人的全面发展是马克思主义理论在个人层面上的最高要求。国家要坚持以人为本的理念，在社会发展的过程中不仅要注重货币资本的积累，而且要注重人力资本的培育和积累。一个国家的经济发展只有建立在高素质人才的基础上，才有可持续发展的坚实基础。培养高素质的国民为培养高素质的旅游者打下了良好的基础。针对旅游产业的特点，各级教育机构应广泛开展素质教育和美育、德育工程，定期组织历史、艺术、文学、美学等主题的讲座和研讨会，努力培养学生对美的兴趣，调动学生的审美积极性，提高学生的审美能力和文化素养，使学生成为具有较高综合素质、全面发展的人。

其次，要努力提高旅游从业人员的文化素质，特别是导游人员的文化素质对旅游活动的顺利进行是至关重要的。一个旅游者就算本身具有相当好的文化素质，当他到另一个陌生的地方去进行旅游活动，依然会面临着一定的文化压力，不可能具备完全的审美能力。举例来说，一个对土家族文化有一定了解的旅游者，他可能知道土家族人的大致分布地区，知道土家族人基本的饮食习惯和服饰风格，甚至了解土家族的山歌和舍巴歌，但是当他到了咸丰唐崖土司城遗址之后，他仍然有许多知识需要了解，比如土司城的兴建背景，土司城的结构布局、分区功能，土司城曾经的主人，发生在土司城里的故事，以及土司城是如何衰落的等等。这些信息必须依靠当地景区的工作人员，特别是导游讲述和传递出来。中国的世界遗产具有深厚的文化背景，不仅要求游客具有较高的鉴赏能力，而且遗产地区的旅游从业人员，尤其是导游人员，也应具有较高的专业素质。为了帮助游客完成对遗产文化的高层次审美体验，履行宣传和推广遗产文化的使命，旅游从业人员应该充分了解和探索遗产地的相关知识，而不仅仅是只会讲述几个笑话或者几个毫无亮点的传说。

最后，要做好风景名胜区文物资料的编制工作，以及文物景点旅游网站的建设工作。为了充分理解遗址的深刻文化内涵，旅游者不仅需要具备一定的知识和能力，需要导游的协助，还需要一些材料和媒介的帮助。为文物古迹制作宣传资料，并加强文物古迹旅游网站的建设，为游客提供充分反映文物古迹的相关知识和详细资料，让游客在开展旅游活动前有一定的知识准备。旅游活动开始之前，游客依据这些资料对景区进行相关的了解，在具体的旅游过程中，结合实际场景加强对文化所蕴含的文化信息的了解，游览结束后还可以通过这些资料进行回味，这就是一个完整的审美体验过程。

所以，我们要通过多种途径，提高各遗产旅游主体的审美能力和文化素养，使旅游者在遗产地旅游过程中获得更丰富以及更高层次的审美体验。

2. 旅游资源的可持续发展文化建设

旅游资源也指旅游的客体，一般由自然旅游资源和人文旅游资源构成，通常包括旅游的目的地、吸引物和吸引力等因素。世界文化遗产旅游地的资源文化建设就是对文化遗产的物质形态和非物质形态文化内涵的保护和开发利用。

世界文化遗产旅游资源的文化建设是保护世界文化遗产的内在要求。

联合国教科文组织在《保护世界文化和自然遗产公约》中指出，所有与遗产有关的国家都有责任确保其领土内的文化和自然遗产得到识别、保护、保存、展示和遗传保存；在适当情况下，这些文化和自然遗产的组成部分应恢复原来的用途或得到新的和更适当的用途，但其文化价值不得因此而减少。由此可见，遗产"保护"的内涵十分丰富，科学地利用遗产，赋予其新的内容，是更有效的保护遗产的方式，不能片面、狭隘地理解"保护"。

旅游资源的文化建设也是满足旅游者需求的有效方式。现今，我国文化遗产地开发的文化旅游产品以静态展示为主，主要展示历史遗址、建筑物、文物等物质形式的遗产。旅游者的文化体验形式简单，内容枯燥。只有以文化的可持续发展为指导思想，在保护好文化遗产的前提下充分挖掘文化遗产的文化内涵，不断创新旅游产品的内容和形式，丰富体验文化的方式，提高文化体验的可视性、欣赏性和吸引力，才能满足旅游者对文化旅游日益增长的内在需求。

世界文化遗产旅游资源的文化建设可以从以下几个方面进行：

首先是树立动态的、发展的保护观念。无论是从旅游文化的可持续性内涵，还是从世界文化和自然遗产保护公约的要求来看，遗产保护的内容都非常丰富。我们不仅应该采取适当的技术、行政、法律和财政措施来保护和保存世界遗产，而且应该科学地利用这些遗产，赋予它们新的和更适当的用途，所以说，遗产保护是一个动态的发展过程。今天的世界文化遗产是历史的积淀，也是每一代人的智慧结晶和辛勤建设的结果。以北京的紫禁城和泰山为例，它们早在 1987 年就被列入《世界遗产名录》。北京的紫禁城最早建于元朝时期。如果明清两代只是按照原来的样子来保护它，那么我们今天看到的故宫博物院可能只是元朝的废墟。泰山的人文建筑可以上溯到秦朝。千百年来，历代王朝都有在泰山上建寺庙，刻石碑的举措。正是这些丰富的历史遗迹，使泰山成为世界文化遗产。由此可见，良好的后续发展，不仅不会对文物造成破坏，而且可以进一步提升文物的价值，给文物的发展赋予时代的意义。

其次，要走建设性的保护道路。世界文化遗产地具有丰富的精神文化内涵，其中有些是由古代园林、古代建筑、古代铸造、古代雕塑等物质直接承载的，旅游者相对更容易实现对这些物质载体的文化体验。只要观赏这些文物，就能立即感受到当年的文化传统和文化积淀，唤起爱国热情和民族自豪感，获得情景交融的审美体验。另外，世界文化遗产的精神文化还包括神话传说、民俗民风、宗教仪式、武术、舞蹈、古典音乐等非物质形式的内容。由于这些精神文化的非物质性，旅游者必须通过一定的表达形式，借助一定的物质载体，完成对非物质文化形式的体验。因此，文化遗产区的旅游开发必须深入挖掘文化遗产的广泛内涵，赋予其适应文化传播需要的外在表现形式，为其构建适当的物质载体，使其深刻内涵得到外化，使其无形内涵得到具体化，以满足旅游者的需要，保护和挽救受到现代文明威胁的非物质遗产。

再次，要运用科学的功能分区模式。当前，我国世界文化遗产地的旅游开发还存在很多问题。一个主要问题就是过度开发导致遗产地的商业化和城市化现象严重，破坏了文化遗产和自然环境的整体协调性。文物古迹旅游产品开发的文化品位和参与度不高，导致文物古迹文化的传播、文化的推广、文化的体验远离市场需求，与文物古迹的文化使命不相适应。正确处理好商业层面的适度发展与文化层面的深度发展的关系，是实现遗产旅游文化可持续发展的关键。然而，两者之间存在着一定的矛盾：过分强调保护，不可避免地导致人们在遗产地的旅游开发中胆怯不前，无法充分挖掘文化遗产的深刻内涵，从而使旅游者对文化遗产的文化体验缺乏真实性；另一方面，如果过分强调旅游者对文化遗产旅游的参与，则可能破坏文化遗产。这两种结果都不利于文化遗产的保护和旅游业的发展。解决这一矛盾的有效途径是将遗址划分为科学功能区。在遗产地旅游规划中，严格划分了核心保护区、游憩区，以及介于游憩区与核心保护区之间的缓冲区。在核心保护区，严禁开展商业性旅游活动；在缓冲区，适当开发对文化遗产和自然环境影响不大、与遗产文化内涵密切相关的文化旅游产品；在游憩用地，合理布局旅游服务设施，开发游客体验性强的、形式丰富的文化旅游项目。

最后，要坚持科学论证、规划先行的原则。世界文化遗产是我们祖先留下的宝贵财富。它是不可逆转的，一旦被摧毁就无法修复。联合国教科文组织对遗产地的保护和利用也有相当严格的要求，因此人们对遗产地文化旅游项目的建设必须非常慎重。为此必须做到以下几点：首先是开发的文化旅游产品应具有较高的文化品位和文化价值，注重文化的真实性；其次，在项目开工前，必须聘请有关方面的专家，充分研究旅游产品的必要性和可行性，做好科学论证和规划工作；三是要进行深入、广泛的市场调研，开发出具有强大市场吸引力的文化旅游产品，实现经济效益和社会效益的双丰收。

3．旅游社会环境的可持续发展文化建设

旅游社会环境文化，简单来说就是指旅游起源地和目的地基于不同的社会环境和文化背景所产生的复杂的文化联系和状态，主要是二者之间的相互作用和相互影响。由于旅游活动的进行，相互交流和相互影响的旅游社会环境文化体系形成了，既有和谐的文化交流与融合，也会产生文化方面的冲突与对抗。

人们对自然资源的观念发生着改变，同样，人们对于旅游文化的观念也发生了改变。首先来分析旅游业发展对遗产地的改变，在物质层面，为了适应发展的需要，吸引游客带来经济收益，需要有关企业为游客提供衣、食、住、行、游、购、娱一系列基础设施和服务。在这样的目的背景下，遗产地会不断地提高自身的物质条件，于是，一系列现代设施，例如饭店、高速公路、飞机场等等大量涌现，其他相关的交通设备以及通信设备等等，也得到了广泛应用。在文化方面，外界游客的介入会导致遗产地的社会文化得到改善和变迁，这是社会环境文化的正向变迁，使当地物质文明和精神文明更加现代化，是旅游业的发展对遗产地社会文化产生积极影响的体现。总的来说，在旅游活动的影响下，遗产地的文化输出方式以及人们的价值观念和行为方式等等都会发生良性的演变，且总体趋向于现代化、国际化。所以旅游业为遗址地带来的发展是多方面的。

首先是经济方面，现在旅游业已经成为一项能带来巨大收益的经济体，

对于遗址地来说，开展旅游业最直观的好处就是促进当地经济的发展，提高当地居民的收入。遗址地为游客提供了其所需要的异域文化与优质服务，而游客为遗产地提供了财富，前者得到了经济发展，而后者也收获了一段有意义的文化旅程，可谓双赢。旅游开发商通过旅游经营活动获得利润，积累资金，进一步将旅游项目做大做强，从而吸引更多的游客前来消费，两者相辅相成。当地政府通过发展旅游产业，盘活了当地服务业市场，成功的旅游开发带给当地的是巨大的经济效益，从而可以提高当地居民的生活水平与整体收入。

旅游业的发展不仅促进了遗产地经济的发展，而且有利于传统文化的保护和复兴，推动了传统文化的现代化进程。体验和了解不同的文化是旅游者旅游的主要目的之一，所以，一些旅游景点在开发过程中会十分注重对传统文化的开发利用，让传统文化重获新生。如今，一些在历史上已经消失的传统文化和习俗，通过旅游业的发展重新得到传播，例如我国唐朝时期盛行的"马球"活动，在旅游产业重新利用开发之后重现西安，吸引了大量游客。还有很多独具地方特色却处境濒危的传统文化或传统技艺，通过旅游业的开发利用而得到了挽救。

旅游业的发展有利于促进遗址地文化与外界文化的交流。在人类文明的发展过程中，少不了各国、各民族、各地区文化之间的交流与碰撞，旅游为不同地区、不同民族乃至不同国度之间的文化沟通提供了现实条件。旅游活动作为一种特别的文化传播交流方式，有着其他传播方式所不具备的优势。便利性就是特别明显的优势之一，例如，不需要以物品或者文字为传播中介，而是通过人与人、人与自然的直接接触就可以传递不同的文化信息。另外，这种人与人之间的民间交流形式常常涉及生活的各个方面，因此在旅游活动中包含的文化内容是十分丰富的，涵盖范围十分广泛。通过旅游业的发展，不仅仅可以打造自身形象，对外宣传本地特色，发扬当地文化，同时也是了解外界的途径，这一点在国际旅游业的发展过程中表现尤为明显，例如地球村的形成。

但旅游的发展对遗产地来说并不是百利无一害的，遗产地自身的稳定性是有限的，如果外界刺激过于强大，超出了当地社会稳定力的承受范围，那么就会对当地社会结构的稳定性造成影响，从而产生一系列的负面效果。

最直观的负面效果是遗产资源遭到严重破坏。虽然国家和地方政府都在大力开展自然资源保护工作，联合国教科文组织更是对有关遗产资源的保护提出了明确规定，但在旅游业发展的过程中，我们不难发现，仍有不少的遗产资源遭到破坏。例如，敦煌莫高窟作为举世闻名的佛教遗址，全社会对其关注程度和保护力度都是很大的，但有关莫高窟受到损坏的报道却不鲜见，其中有一些人为的因素造成了对遗产资源的损坏。成千上万的游客在进入洞窟中进行游览，人类呼吸造成的高温、二氧化碳等任何环境变化，都可能对脆弱的石窟造成毁坏。由此可以看出，人类自身的行为对于遗产资源的影响是很严重的，密集的人流量会加速遗产资源的自然损耗，且会导致人为破坏事件的不断产生。

第二种负面效果是导致遗产地文化活动向商业化、庸俗化、舞台化发展。文化发展只是经济发展的附属产物，旅游开发者为了达到盈利目的，会将遗产地文化活动向商业化转变。例如，凭空出现一些与文化传播无关，反而以娱乐和盈利为目的的活动，活动的开展不再遵循传统民间习俗，而是根据游客的"需求"随时随地开展，活动的内容和形式也十分"多变"，不再以本地文化习俗为标准，而是以博取游客的眼球为目标，这种带有明显表演色彩的活动在一定程度上已经失去了原有的文化价值。

第三方面的不良影响是会造成遗产地的社会问题。在外来文化与本土文化之间的碰撞交流过程中，有许多不确定的因素在影响双方。在旅游活动开展的过程中，外来旅游者会将自身民族的文化以及与当地不同的思想观念带到遗产地，而先进的现代化、国际化的思想意识，会对当地的传统观念造成一定的冲击。一些社会问题的出现，的确与旅游业发展中外来新潮观念有关，因为当一种新的思想观念被自带现代光环的外地游客带入当地时，当地居民会对外面的文化产生向往，从而可能会转而开始"嫌弃"当地的社会文化。而外来文化中的糟粕部分和外来游客带来的一些不良的习惯，会导致当地的社会风气恶化，进而影响当地社会的安定。所以说，文化思想的碰撞是存在一定风险的，我们要做的就是开拓思维广度，有鉴别地接纳新的事物，同样也要尊重传统文化，淳朴的遗址地文化是当地文明历史的象征，我们要其精华，去其糟粕，从而孕育出包含本地特色的"新"文化。

第四种负面效应是导致遗产地居民文化的顺从性或排外情绪的产生。遗产地居民大多数是生存在经济条件较低的郊区，在旅游活动开展的过程中，这些经济水平较为落后的居民，受到外来经济条件优渥的游客带来的经济实力的冲击后，会加重自卑感以及媚外思想。这对于遗产地当地的文化发展是十分不利的，一些人会过高地评价外地的社会体系与文化，从而抛弃本地的传统文化，甚至一味地模仿外来游客的生活方式和行为习惯，这就容易造成遗产地居民的顺从性，这是一种不平等的状态。并且旅游活动在进行中还会对当地居民的生活造成一定的干扰。再者，由于文化的差异性，旅游者的来访可能会激发与当地居民的矛盾，这种矛盾得到逐渐积累之后，当地居民对外来旅游者的态度会逐渐不满，从而导致排外情绪的产生。

遗产地资源作为旅游资源的重要一部分，受到国家、当地政府以及旅游企业的高度重视，在这个节奏快速、社会压力大的时代，人们对精神文化的追求也逐渐增强，越来越多的人选择通过出门旅游的方式，来缓解现代社会生活的巨大压力，这导致旅游业迅速崛起并高速持续增长。而在相关企业不遗余力地开发旅游资源的同时，随着外来游客的涌入，遗产地相对平静平衡的社会环境会在外界因素的影响下发生改变，无论是经济上、文化上、思想上，外界对遗产地的影响都是不可忽视的，淳朴的遗址地社会环境正在发生改变。这种改变有利有弊，可以为遗址地提供先进化、国际化的思想与文化，另一方面也可能使传统文化与自然资源朝着商业化、庸俗化的道路发展。相关政府以及旅游企业要及时发现问题所在，并在第一时间采取相应措施，引导当地旅游事业朝着良性的方向发展。并且在发展的过程中，要注重对自然环境和当地文化的保护，走可持续发展的道路，因地制宜建立起符合遗产地实际情况的发展模式。

4. 少数民族地区的可持续发展文化建设

众所周知，我国是一个多民族的国家，不同的民族文化为我国文化宝库添加了绚丽的色彩。多彩的少数民族文化能吸引游客，壮大当地的旅游资源，但是一些少数民族过于封闭，与外在的社会环境脱节，导致地区文化比较脆弱。还有一些少数民族为了保留当地的民族文化，避免与外界形成密切的交流关系，当然，这种做法是有一定理由的，因为外来文化的冲击很容易对当地文化造成不好的影响。所以对于少数民族来说，文化的融合和冲突是他们所面临的主要问题之一，在旅游开发过程中一定要采取合理的方式加以解决。

随着社会经济的不断发展，全球化的进程也在不断地得到推进，全球化已经是大势所趋，不可逆转，世界全球化所带来的影响并不只会影响单一的国家，而是对世界的各个角落都会产生影响。立足于世界全球化的大背景下，要想使少数民族得到更好的发展，就应该改变原有的封闭格局。封闭的文化格局只会阻碍民族的进一步发展，使个别民族被排斥在世界潮流之外。对于旅游业的开发以及民族文化的保护，不同的人有着不同的看法，有一种观点认为旅游业的全面开发可以促进民族文化与世界文化的融合，能够为民族文化的发展提供更好的契机。还有一种相反的观点，认为民族文化本身就具备自己的特色，如果与外来文化相互碰撞和融合，不仅仅会导致本身的文化衰退，也会使文化发生变异的现象。在这个问题上，不同于以上两种极端的观点，笔者认为：人类虽然可以采取一系列的手段限制某些民族地区文化的融合和旅游产业的开发，但是随着社会经济的不断发展、科技水平的不断进步，计算机网络技术以及电视传媒技术也在不断地更新换代——简言之，我们无法阻止现代传媒的普及。无论我们采取什么样的阻碍措施，外来的文化都会与当地居民的文化发生碰撞，影响较小的时候可能会缓慢渗透到当地的民族文化中去，影响较大的情况下甚至可能会使当地文化遭到毁灭性的破坏。对于外来文化，如果我们采取完全的隔绝方式，那么会导致少数民族文化发生衰退的现象。我们不能阻止文化之间的正常交流和传播，我们能做到的，就是在支持当地文化的基础上，对外来文化的融入进行合理的引导、规范和限制。很多人认为旅游行业的发展最终会导致民族文化发生根本性的偏移，但是他们没有意识到，一种民族文化如果发生了变化，从根本上说往往是因为先进的技术与密切的交流所导致的。在当今时代背景下，传统社会向现代社会转型几乎是必然的趋势，并不会受到某一因素所左右，所以传统文化向现代化发展几乎也是必然的趋势。

归根到底，针对少数民族文化的矛盾基本上可以归结于个别文化的传承和摒弃。对于传统文化，一定要传承其中的先进文化，传承其中有利于我国社会发展与居民正常生活的文化，对于糟粕文化一定要坚决摒弃。但是合理地区分传统文化的精华与糟粕这并不是一个简单的问题，也不是一个短期能够解决的问题，更为重要的是，我们还不能简单以现代人的目光去审视传统文化的好坏。所以一定要结合具体的文化环境和历史背景，对传统文化进行仔细的甄别，辩证地看待文化的传承与发展的问题。少数民族文化的建设也不是一蹴而就的过程，需要依靠国家政策和各族人民共同的努力，一味地摒弃或者全盘地接受都不是科学的态度。

旅游业是一种可以促进文化交流的产业，少数民族地区文化的传承和发展离不开旅游行业的支持。旅游产业追求的不仅仅是当下的经济效益，它也可以持续长远的眼光去审视民族地区的发展状况，所以民族文化遗产的传承与旅游业的发展也要结合具体情况进行具体的分析，采取不同的对策。要想推动民族文化进一步发展，就必须选取最合适的发展方式，一定要尊重当地民族的意愿，对外地的文化的进入采取审慎的态度，进行适度的调节。另外，不同地区具有不同的发展特点，一定要实施规范性的保护措施，在指引正确发展方向的同时，也要确保文化发展和当地生态经济之间的平衡，具体要从以下几个方面入手：

首先，应该合理区分文化建设和发展的传统性和现代化，这是两个完全不同的观念，但并不意味着这两个观念没有相应的联系。首先，身为文化建设的传承者，应该合理区分文化建设的传统性和现代化，二者有着本质的区别，但是无形当中又有着紧密的联系。准确来说，少数民族的文化组成中，传统文化占有较大的比重，它体现了祖先遗留下来的文化特色，对于少数民族人民民族情感的维系起到了非常重要的作用。所以保护传统文化，加强文化建设是非常有必要的，文化建设的重担不仅仅落在当地人的肩膀上，也是全国人民共同的职责。另外，加强文化建设本身就是一个比较有争议的话题，没有人拥有绝对的权力去阻止外来文化的进入，也没有绝对的权力去阻止少数民族文化的向外传播。要想使当地的文化建设达到一种平衡的状态，就不能阻止当地文化与外界文化相互交融。并且，在满足社会发展需求的同时，一定要兼顾当地的文化状况，确保维护当地人的经济利益。不能让文化建设与少数民族当地居民的根本利益形成矛盾，要让文化建设贯穿到社会利益的平衡动态当中。

如果立足于文化的传统性来讲，不仅仅要讲求经济效益，更多的是要立足于本土文化的传统性，但是这种发展具备长期稳定性，所强调的仅仅是当地地区的少数民族特色，忽略了当地文化建设的根本价值。加强文化建设本身就是一个矛盾的话题，不能因为提倡保护传统文化，而忽略了旅游业的发展。阻碍当地少数民族文化建设，阻碍当地文化与外界相互碰撞，就是阻碍了当地居民生活更加富裕。所以在满足旅游者求异心理的同时，也要兼顾现代社会的发展，在弘扬传统文化的同时，也要融入现代化的发展因素。

其次，少数民族文化是我国的特色文化，但是也要兼顾民族性和世界性的平衡。少数民族文化的发展不仅仅取决于我国的时代背景，更多的是立足于世界文化的发展。世界犹如一个大宝箱，每个国家都有不同的文化珍宝储存在内。民族文化要更具备价值和意义就必须与优秀文化相互碰撞，但这并不意味着要完全依附于外来文化，民族文化也要有自身的特色。针对外来文化中的先进文化特色，一定要继续积极地汲取，在确保自身文化的根基不受动摇的基础上，再进行大胆地创新、吸收、融合。针对外来文化的糟粕文化，一定要进行坚决的抵制，特别是一些有违传统道德的不良文化，一定要进行严厉的遏制，一方面使民族文化跟上世界文化的节奏，另一方面使民族文化不受到外来文化的污染。

再次，对于传统文化的建设，一定要讲求真实性，不少少数民族区域都会发展与民族特色相关的文化产业，将文化与商品化相互联系在了一起。本身旅游业的开发就为文化的保护制造了难题，如果对传统文化的保护完全不具有任何程度上的商业价值，那么实际上也很难支撑当地的发展。在权衡利弊之后，大多数少数民族地区会选择发展旅游文化产业，因为如果不注重旅游业的开发，仅仅是靠一己之力来保护当地的文化，简直是天方夜谭。所以将传统文化的保护和传承与商业化的旅游产业相互挂钩是非常有必要的，许多地区为了解决这一难题，开发出了一些有特色的文化产业，比如在当地建设一些民族生态博物馆，供旅游者观看了解，既有效地保留了当地文化的特色，又使当地文化向外输出，带来了极大的商业价值。另外生态博物馆的所有权要归属于当地的居民，使他们成为文化的拥有者和传播者，只有这样才能够在满足商业价值的同时稳定民心。如果只是盲目地进行商业化的扩张建设，那么不仅仅会破坏当地文化的特色，也会使当地居民产生愤怒，从而达不到良好的文化建设效果。

最后，针对文化的建设和向外输出也不能遵循完全开放的原则，全面的、长期的开放必然会给传统文化的传承带来障碍，同时对当地文化带来持续性的冲击，破坏当地的文化建设，最后导致当地文化走向濒危。所以一定要采取适当的措施限制文化产业的消耗。类似于一些生态环境较好的地区设立相关的自然保护区一样，我们在一些文化环境较好的少数民族地区，也可以相应地设立文化保护区。保护区要具备一定的封闭性，同时也是能够开放利用的地区，既保留有当地文化的独特性，又能有条件地、有针对性地对外开放。针对少数民族地区旅游开发过程中过度商业化的问题，要给予及时的纠正，不能盲目追求商业价值，忽略了文化建设的重要性。

说到底，每个民族的文化建设以及文化遗产都不是建立在个人基础之上的，而是当地居民共同努力的结果，也是各族人民共同参与的结果，因此要使传统的文化得到更好的传承和建设，并不能凭一人之力。每个民族都拥有平等的发展权利，都有进行文化交流的需求。对于少数民族传统文化的传承，政府所能做的是一种宏观方向上的合理引导，在充分尊重少数民族意愿的前提下，引导他们建立对于本地文化的自信，激发他们保护本地文化的主动意识，只有这样才能够谋求长远的发展。做好民族文化的保护、传承、融合和发展工作，不仅仅有利于个别民族的进步，也是我们中华文化整体建设中的一部分。所以针对少数民族文化建设和旅游发展的矛盾，一定要进行合理的分析，采取合理的解决方案。

第五章　唐崖土司遗址文旅开发相关战略要素分析

众所周知，一个地区经济的发展与地理学有着非常重要的联系。城市旅游业的发展离不开当地的自然因素和人文因素。独特的自然景观和后天人为建造的景观都能够促进该地区旅游行业的发展，人文因素也包括交通条件以及其周边地区的经济发展状况。所以为了更好地提高城市旅游行业的发展水平，必须要合理分析地理位置的优劣，根据地区的生态环境进行相应的开发和建设，这样对旅游行业的发展有着非常重要的促进作用。

区位的选择对城市旅游行业的开发建设有着非常重要的影响，良好的位置能够吸引更多的游客来进行旅游活动，从而能够带动当地经济的发展。整体来说，旅游行业对区位的要求是非常严格的，良好的区位在旅游行业的发展过程中具有很大的优势，这样就形成了区位优势的概念。区位优势对旅游地区经济发展的促进作用非常明显，是吸引投资方进行旅游投资的重要因素。不仅如此，地区优势也受到非常多的因素的影响，例如，中心市场的距离、当地的交通状况，等等，只有对这些因素进行合理的规划，才能够更好地形成区位优势。

区位优势能够更好地促进旅游行业的快速发展，这就需要相关人员对区位选择进行研究，对当地的区位进行科学地确定，这样能够更好地突出地区特点，从而更好地将地区优势发挥出来。不仅如此，区位选择也逐渐形成了一套完整的理论体系，以此为指导可以有效改善地区经济不协调和发展不均衡的问题。对于旅游产业的可持续发展来说，科学的区位选择是发展的基础，对城市整体建设有着非常重要的促进作用。

第一节　旅游业发展中的区位因素

一、区位因素在旅游发展中的重要作用

1. 区位的定义和基本思想

区位的选择对地区的经济建设与发展具有非常深远的意义。"区位"表示的是位置与事物之间的联系。任何产业活动首先必须要有准确的地理位置，确定地理位置之后，才能够进行经济开发以及生态建设，例如，农业生态系统的建设，就是先确定建设地区，再进行一系列开发活动。地区的建设离不开与其他事物之间的联系，所以在地区选择过程中要以自然环境为基础，这样才能够促进地区产业的可持续发展。而且区位选择与社会环境也有着非常重要的联系，这也是人类进行一切开发活动的基础。所以总的来说，区位选择就是运用事物之间的联系来进行社会环境的开发，与人们的生活有着非常密切的联系。

区位理论是一种有关区位选择的方法，它是相关研究人员针对区位选择整理出来的一种理论方法，主要是对空间以及经济活动进行优化组合，并根据人类活动变化来做出相应的改变，所以区位理论是区位选择的基础，只有充分发挥区位理论的优势，才能够更好地引导旅游行业的发展。

旅游区位的选择也是具有一定的理论基础的，可以通过旅游区位理论进行区位的选择与确定，这样可以对地区旅游行业进行整体的分析，从而发现地区特色，更有利于确定旅游产业的方向。一般来说，旅游区位理论主要是围绕中心地区论来实现，可以选择中心地段来进行地区的选择与确定，这样有利于促进旅游行业相关配套服务的形成，也有利于交通出行以及旅游路线的规划。旅游区位的选择必须要以游客为中心，充分发挥地域优势，用独特的地域特色来吸引游客，这样才能够更好地突出旅游产业在

区域经济中的主体价值。所以说，旅游区位理论应用到旅游行业中是十分重要的，它能够鲜明地突出旅游行业的需求，促进地区经济的发展。

2. 区位选择的原则

人类在进行生产活动时首先需要选择合适的区位，这样更有利于相关问题的解决，从而更好地推动生产活动的进行。而且区位的选择是有一定技巧的，它不能够盲目地进行选择，必须按照地区的实际情况，遵循统一性原则，实现动态平衡，才能达到合理的、科学的选择。

首先要遵循因地制宜的原则。马克思主义哲学告诉我们，认识世界要以实际为基础，主观与客观要达到一致，要在主观与客观符合的基础上正确地认识世界。在区位选择过程中也是如此，要将理论与实际相结合，因地制宜，根据地区的实际情况进行生态环境的建设，同时要考虑到对区位造成影响的一些因素，例如，地区气候、地区水质等自然因素。另外，还需要对区域的社会发展情况进行考查，例如，交通条件、地区经济发展水平等等。只有主观与客观相结合，实事求是，才能够更好地利用当地各种自然资源和社会资源，从而在一定程度上促进地区经济效益的提高，对生态环境也有一定的保护作用。

其次要遵循动态平衡的原则。世界万物都是在动态平衡中得到发展的。在进行区位选择过程中，也存在一定的平衡现象，而且必须要依照地区实际情况来进行分析，将影响地区区位的因素划分为动态因素与静态因素，静态因素是自然环境层面的因素，是不可避免的，只能够顺应它，才能够降低对人类活动的影响。动态因素是后期人类改造环境所产生的因素，如市场状况、交通条件、政策因素等等，主要是社会经济方面的因素。动态因素是可以通过人力来进行改善的。在进行区位选择时，必须兼顾当地的动态因素和静态因素，在动态与静态的有机统一中，促进旅游产业地方经济的发展。动态平衡原则有利于快速地选择出优秀的区位，从而降低非重点因素对区位选择的影响。

最后要遵循统一性的原则。通过唯物主义哲学我们知道，万物都是一个有机联系的整体，这个整体是由许多部分组成的统一体，而且构成整体的各个部分都是相互关联的，有一定的内在联系性。所以，我们认识世界的过程中必须要抓住事物与事物之间的联系，从整体的、统一的、有机联系的角度看待问题，避免分裂性和片面性。区位选择就是一个非常准确的例子，区位就相当于一个有机的整体，它是由许多相关的因素组成的，对区位进行选择就是要看到区位中各个部分之间的联系，不仅要保证地区经济协调，还要促进系统内各部门之间的协调合作，促进经济效益、社会效益和生态效益等多方面的统一性。

3．区位理论对于旅游业的具体应用

区位理论最直观的方式可以从空间和地理位置来进行研究。实际上影响区位选择的因素有很多，主要涉及自然、市场、交通、劳动力等等因素，这些因素在一定程度上决定了旅游景区的便利程度。所以旅游开发人员必须重视对旅游区位的选择，结合地区实际情况，充分发挥区位优势，这样才能够更好地促进当地旅游行业的发展。

（1）自然因素

自然因素是人们生活中不可确定的因素，是不可控制的，自然因素对旅游区位选择具有非常重要的影响，自然因素主要是先天形成的，也会对当地的民风民俗、饮食和服饰文化的形成有一定的影响。良好的自然环境能够吸引更多游客来进行观光，这样就建立了良好的旅游氛围。一般来说，人们在选择旅游目的地的时候总是会倾向于比较远的地方，因为独特的自然环境和有特色的当地文化是吸引游客的关键因素。

（2）旅游客源

旅游客源就是来旅游风景区进行观赏的游客，也是旅游活动的消费对象。旅游行业相当于一种市场，旅游客源就是消费者，所以在旅游活动的开发和建设过程中必须要以旅游者为基础，没有旅游者，旅游活动就无从谈起。旅游者进行旅游活动一般都为了寻求心理上的放松，所以旅游决策者和开发者必须始终牢记旅游者进行旅游消费的初衷，把满足旅游客源的需求作为要考虑的核心问题。另外，旅游费用也是需要考虑的问题，经济发展水平不同的地区，旅游费用存在一定的差距，相关人员必须要根据当地消费情况进行合适的定价，这样才能够为旅游区吸引更多的旅游客源，促进地区旅游行业的可持续发展。

（3）旅游资源

旅游资源是发展旅游产业所依赖的资源，是旅游行业发展的基础，它依靠地区的特色来吸引游客进行参观，所以旅游资源决定了该地区旅游产业发展的前景。旅游资源一般包括自然资源，文化资源，基础设施资源，交通资源等等。旅游行业的发展对各种资源都有一定的要求，各种资源共同影响区域旅游经济的发展。

第一是旅游资源本身的特性。旅游资源主要是根据本身的特色来吸引游客进行观光。如果旅游区有良好的资源基础，自然资源可观赏性高，文化资源丰富，交通等地理资源便捷，不同资源的组合状况良好，那么就会形成自身的资源优势，直接影响当地旅游行业的发展。对于旅游者来说，旅游资源越丰富就越具有吸引力，能够吸引更多的旅游者，从而提高了该地区旅游行业的发展。

第二是旅游资源的最优吸引半径的大小。一般来说，旅游资源具有一定的最优吸引半径，这就决定了地理位置对旅游行业的影响。最优吸引半径就指的是旅游地与游客之间的距离，一般超过最优吸引半径游客量就会减少，所以游客与游客资源之间的距离也决定了旅游区的发展。所以旅游策划过程中必须要选择良好的区位，旅游区要靠近经济发达的地区，这样能够吸引更多具有消费潜力的游客资源，更好地促进旅游区的人流量，对旅游区的发展有很大的促进作用。

第三是旅游资源所在地环境容量的大小。众所周知，每一个旅游地区都有一定的承载量和容纳量，它决定了旅游区所能容纳的最大游客量，这样就能够根据当地环境的容纳量来进行旅游资源的分析。整体来说，相关人员必须要重视旅游资源的环境容纳量，防止超过环境容纳量的问题出现，避免对环境资源造成损害。一般环境容纳量比较大的旅游区，所接待的游客数量也会更多，旅游产业也更加发达。

第四是旅游资源及旅游地生命周期理论的限制。旅游活动区位的选择过程中，旅游地资源以及旅游生命周期都会限制该地区的旅游行业的发展，一般来说，旅游资源都是通过长期的发展而积累形成的，其中主要包括尝试、参与、发展、巩固、停滞和衰落等阶段，相关开发人员要根据当地旅游资源的不同阶段进行相应的开发和建设，这样才能够更好地利用当地的旅游资源，促进了地区经济的可持续发展。

（4）旅游地的基础服务设施

旅游基础服务设施和服务措施决定了一个旅游地区的质量，如果该旅游地有着良好的基础服务设施，那么就能够接纳更多的游客，从而在一定程度上提高游客的体验感。其中旅游基础设施主要包含交通、通信网络、餐饮住宿、旅游景点的质量等等，这些都是基础服务措施，只有基础服务措施做好，游客才能够放心地进行旅游活动，所以说旅游行业必须要按照严格的设定，将每一个环节的基础设施都建立好，不断完善基础设施建设，能够更好地促进当地旅游行业的发展。

二、地理位置对旅游发展的影响

随着改革开放的逐渐深入，我国人民的生活条件得到了很大的提升，旅游行业也得到了很好的发展。众所周知，我国地大物博，有五千年的文明历史，所以现今的文化旅游产业有十分广阔的市场前景，旅游行业所涉及的活动也比较广泛。影响旅游活动的因素有许多，主要是区位选择具有占主导的作用，合理的区位能够更好地促进该地区旅游行业的快速发展，而且能够更好地凝聚形成一定的文化氛围，对地区宣传与发展具有非常重大的优势。所以说，区位选择对旅游行业的发展有着非常重要的影响。

1. 地理位置的含义

地理位置指的是地球上某一事物与其他事物之间的空间关系。它包括多种类型，比如自然地理位置、数学地理位置、政治地理位置和经济地理位置等。

自然地理位置是指地球上的某一事物与其周围的陆地、山脉、海洋、河流等自然环境之间的空间关系，例如中国处于亚欧大陆东部和太平洋西岸。数学地理位置是利用地球表面的经度和纬度网络系统来确定的，也被称作天文位置或绝对位置。政治地理位置主要指的是指一个国家和周围其他国家的空间关系。经济地理位置的含义是某一事物与其他具有经济意义的事物之间的空间关系，例如，上海控制着长江口，位于中国沿海南北航线的中心地区。某些地理事物的经济地理位置是建立自然地理位置的基础之上的，例如，新加坡处在世界海运的重要通道上，这一自然地理位置直接决定了新加坡的经济地理位置。

自然地理位置的发展变化是受自然发展规律支配的，其变化过程是相对缓慢的。政治地理位置和经济地理位置属于历史的范畴，它们是受社会发展规律支配的，并会随着社会政治、经济方面的发展变化而变化。

2．地理位置对旅游产业发展的影响

（1）数学地理位置

数学位置对我国旅游产业的影响主要体现在季节变化方面，而这些季节性变化对旅游业发展产生的影响主要体现在以下两个方面：首先就是数学位置会对客源产生季节性流向的影响，比如生活在北方纬度较高且较为寒冷地区的游客在选择旅游地时会趋向于低纬温暖的地方，而生活在南方纬度过低且较为潮湿地区的游客在选择旅游地时就会更加趋向于高纬清爽的地方。其次，数学地理位置还会使得各旅游地区随季节气候的变幻而出现不同的自然景观，比如在低纬地区呈现的是夏季昼长夜短及夏长无冬的这种自然现象，而在高纬地区就会因为数学地理位置的影响呈现出冬季夜长昼短及长冬无夏的自然现象，且不同旅游地区的自然景观都会受到规律性季节变换的影响出现相应的变化。

（2）自然地理位置

自然景观各具特色的主要原因就是受到了自然地理位置的影响，而地貌、气候、水文等因素都是影响自然景观地理特色形成的重要原因。各具特色的自然景观能够为当地旅游业的快速发展提供较好的条件，一些独具特色及地理位置十分优越的地区还能够成为世界上非常著名的旅游胜地。

比如三面临海且气候温和的比利亚半岛上的"旅游王国"西班牙，其所具有的优越地理位置和广阔舒适的海滩是人们享受日光浴和海水浴最为理想的地方，所以每年在西班牙避暑及度假游玩的游客数量几乎都会超过西班牙本国居民人口数，由此可以看出优越的地理位置加上独特的景观特色对于旅游业发展的重要意义。

（3）经济地理位置

经济地理位置是影响旅游地客源市场一个非常重要的因素，根据调查，在人口密度大且经济发展较好的国家或地区附近的旅游景点往往能够吸引更多的游客游玩，而那些处在偏远地区、路途交通费用成本和时间成本都较高的地区则很难吸引到大量的游客。正是在旅游市场中出现的这种"距离衰减规律"使得旅游业游客呈现近区域流动的特点，比如世界上旅游业较为发达的欧洲有80%的旅游者选择在本地区的景点进行旅游，美国的旅游者有70%左右选择去加拿大和墨西哥旅游，而日本也有一半以上的旅游者在选择国际旅游时，选择去亚太地区进行旅游。

另外，临近铁路、航运、航空等这些交通要道的旅游地也能够很轻易地吸引许多的游客，因为便捷的交通是人们选择旅游地的一个最为重要的因素。许多地处交通要道但旅游资源并不发达的地区也能够将旅游业发展起来，例如，面积仅有641平方千米且景观条件不够良好的一个东南亚小国——新加坡，就有着非常发达的旅游业，这主要是因为新加坡所处的地理位置非常的优越且占据国际交通要道。新加坡处于物产非常富饶及人口较多的东南亚区域最为中心的地方，这一区域又是国际航运、航空、金融和贸易的中心。新加坡正是充分利用了这种优越的经济地理位置使旅游业得到了长足发展。

（4）政治地理位置

一个国家旅游业的发展会受到邻国国力强弱和经济状况及两国关系的影响，比如我国的国力和经济实力自改革开放以来有着稳步的提升，人们在新时代具有可自由支配的收入及带薪休假的工作状态，都使得我国居民具有了旅游的财力和空闲时间，所以我国到周边国家和地区进行旅游的人数呈现上升的趋势，客观上促进了这些国家旅游业的发展。

综上所述，不同类型的地理位置对旅游产生了不同程度的影响。

三、旅游发展对地理环境的影响

1. 旅游业与地理环境概述

（1）旅游区地理环境保护的必要性

正是地貌、水、植物、空气等生态因子的有机结合使得旅游区具有优美的自然环境，而从人类的审美心理需求来看，自然景观美是旅游者挑选旅游地的必要条件，如果旅游地的环境受到污染且四周比较嘈杂就会影响游客的体验感，所以为了使得旅游具有其应有的价值就需要保护好旅游地区的环境。另外，随着现代化科技的不断进步且人们逐渐拥有越来越多的休闲时光，生活在城市中的居民回归大自然以进行身心疗养的愿望日益高涨，所以旅游区所具有的美好生态环境对于旅游者来讲是非常重要且有意义的旅游资源。

游客的满意程度是旅游业得到长期稳定的发展的重要支持因素，所以进行旅游开发的地区一定要认识到旅游地区自然环境的重要性，采取有效措施保护好当地的自然生态环境。

（2）我国旅游业目前所面临的主要环境问题

一是有很多热点旅游区受到严重污染。热点景区游客多，人流量大，旅游活动频繁，导致当地空气质量下降，水体污染严重，局部生态环境受到破坏，旅游资源受到损害。

二是旅游区环境卫生状况较差。景区内产生的生活垃圾多且处理不及时，随意抛撒堆积，污水、污物随处可见。

三是旅游区缺乏科学规划与适度开发。一些热点旅游区超规模接待游客，旅游区人满为患，拥挤不堪，导致游客旅游体验不佳，旅游气氛丧失，达不到旅游愉悦的目的。

四是旅游开发建设项目与旅游区整体环境不协调。主要表现为一些景区为了追求更多的经济效益，盲目开发建设一些所谓新潮和现代的项目，导致与景区传统文化氛围格格不入。此种行为忽视了旅游的文化性，必然影响旅游的可持续发展。

2. 造成旅游景区环境破坏的原因

（1）人类在经济方面具有的不正当行为破坏了当地自然景观环境

许多地区为了发展工业建造了大量的工厂去促进当地经济的快速发展，但是这些工厂在运行过程中产生的噪音和排放的废物给自然环境带成了严重的污染，比如说空气不再清新，水体不再纯净，而且打破了旅游景区本身所应该具有的宁静与和谐。这些都大大降低了游客游玩的兴致和再次到此地游玩的欲望。

其次，自然生态环境的平衡还会因资源不合理利用而受到影响，破坏性的农业生产方式也会直接影响到旅游资源的质量。例如对森林的过度砍伐和地下水的过度开采等破坏生态平衡的行为会给自然景观带来严重破坏，导致水土流失及山体水位下降。另外，如果一个地区的发展不重视旅游资源的合理规划，就很难使此地的经济结构类型和生产力布局与当地旅游业的发展协调一致，例如云南的石林旅游区建设大型水泥厂，严重影响当地的旅游业发展。

（2）人类旅游活动对旅游地区环境带来的影响

旅游活动对旅游区环境的影响主要表现在旅游过程中产生的废弃物对旅游景区环境的污染，以及旅游活动本身对旅游景区自然生态平衡系统和生态环境的破坏。基本原因不外乎以下两点，一是有些旅游地区设施不完善，比如垃圾箱的设置数量少或位置不合理，二是游客素质不高，不讲文明，有随手丢垃圾的习惯。随着我国旅游活动规模的逐渐扩大，旅游垃圾的废弃量日益增加，大量的垃圾倾倒堆放在旅游区，既破坏了自然景观，又污染了景区水体。目前我国不少旅游区的水体均受到不同程度的污染。许多旅游水体在透明度、气味、色度等方面的指标均超过国家旅游水体标准。景区水面上的悬浮物、漂浮物或石油污染物等严重影响了游客的感官，损害了游客的旅游体验，降低了游客对景区的评价。

旅游景区超容量接待规模破坏了旅游区的自然生态平衡。自然景观的生态系统对旅游活动本身具有一定的承载力，这种承载力是由当地本身的生态系统结构决定的。超过承载力的旅游活动将改变旅游区的生态系统，使旅游区的旅游价值退化甚而丧失。主要表现在：大量旅游者的来往使旅游景区的土地结构发生变化，使土地板结，进而影响植物的生长；大量游客爬山，会破坏长期自然条件下形成的稳定叶层和腐泥层，造成水土流失，植物根系裸露，由此给旅游区生态系统造成破坏。旅游活动不当所造成的后果是十分严重的，如果忽视了不当的旅游行为对环境产生的这种影响，只注重短期效益，盲目扩大规模，不加限制地接待游客，将严重影响到旅游业未来的可持续发展。

（3）过度对旅游地进行开发会破坏旅游地区的环境

在旅游资源的开发利用过程中，如果相关设施建设与整个旅游区不协调，就会造成旅游资源、旅游区生态环境特别是旅游氛围的破坏。主要表现为历史遗迹修复处理不当、严重失真，或者一些融合了现代科技的新项目与旅游区古老景观气息明显不协调，改变或破坏了旅游区本身具有独特的历史、文化风格或民族风情。对于特定的旅游客体来说，旅游价值主要体现在其历史文化、独特的民族风貌和内涵上，盲目开发只会使景区不伦不类，失去自身的旅游价值，降低游客的旅游兴趣。

3．旅游环境保护的对策分析

为了充分发挥旅游业的经济效益和社会效益，使旅游业得到持续的发展，针对旅游业所存在的环境问题，人们应采取如下措施：

（1）加强有关的科研工作和知识宣教工作

一直以来，对环境科学的研究大多是从人类健康需要出发，较少从人类精神、心理需要的角度进行研究，而后者正是人类与环境相互联系一个重要方面，并在人类旅游活动中得到充分的体现。从旅游业对旅游环境的依赖关系，旅游区环境对旅游活动的承载能力，旅游业发展对旅游环境的破坏等方面研究旅游与旅游业的关系；从确定景观美学质量标准、自然生态质量标准、满足特种旅游活动的环境质量标准、旅游区环境质量评价方法等方面研究旅游环境保护的方法论；从美学、心理学角度出发研究旅游环境保护的工程方法；还要进行旅游环境保护政策研究，为正确的决策奠定基础。

　　另外还要加强对旅游环境保护知识的宣传，提高人们的旅游环境保护意识，向全体游人、旅游从业人员和社区附近居民宣传旅游环境保护知识。

　　（2）在旅游区发展建设中做好旅游环境规划

　　旅游区环境质量下降和大量旅游环境问题的产生，主要是人类经济活动的不当造成的，因此需要制定具有科学性、严谨性和预见性的旅游环境规划。以规划为指导，对经济活动、旅游活动进行组织和管理，对破坏旅游环境的活动进行规避，解决发展生产、扩大旅游规模与景点环境保护之间的矛盾，使之协调一致，以保证经济发展和旅游活动持续稳定进行，防止旅游区环境的破坏。

　　旅游区的环境规划是关于旅游区的经济发展、旅游业发展和旅游区环境保护的综合性规划，该规划是从维护旅游区环境美学质量和合理利用旅游资源的角度出发，应用系统工程的原理与方法，遵循经济发展规律与旅游区环境美学规律，对经济活动和旅游活动的结构、规模和布局实行统筹规划，达到既发展经济、扩大旅游又不破坏旅游区环境的目的。

　　（3）运用经济及其他手段，控制旅游规模

　　采取一定的经济手段来调节不同旅游景点之间游客量不均衡的状况，例如适当提高热门景区的票价，区分特定的旅游景点，以此来调节控制旅游人数。在保证一定经济效益的基础上，通过调整旅游区的旅游规模，使旅游区的环境得到休养和保护。

　　（4）加强旅游环境立法

　　完善的法律制度是做好旅游环境保护工作的有力保证，通过对旅游者和旅游经营者制定相关的行为规范，对旅游活动中产生的破坏行为实行强制性的干涉与惩罚。主要应从以下几个方面立法：一是要对旅游区建设项目的审批流程进一步细化，严格审批权限，二是要明确规定旅游区保护范围和保护内容，三要对旅游违法行为制定相应的处罚制度。

四、研究旅游与地理位置之间关系的意义

地理位置对旅游产业的发展有着非常重要且不可忽视的影响，所以想要在一个地区发展旅游业就必然要分析这一地区的地理位置，同时探究地理位置和旅游产业之间的关系和规律，以便能够有效指导旅游行业的发展。

第一，旅游资源在任何国家和地区中都有其特定的位置，且这些特定位置的旅游资源还会受到周围国家和地区等较多因素的影响，正是在这些影响的作用下才形成了不同的旅游场所和旅游环境，而这些在不同地域中的旅游环境还能够根据地域优势形成独特的"个性"，正是每个旅游景区所具有的独特"个性"才吸引了大批前来观光欣赏的游客，例如险峻的华山、雄伟的泰山、秀丽的峨眉山等这些自然景观各具特色且个性鲜明。因此，各个地区在对旅游资源进行相应的开发规划时要将旅游地区的鲜明个性突显出来，只有这样才能够满足旅游者追求独特新颖的心理需求并吸引到更多的游客。

第二，旅游资源所处的地理位置也有着优劣之分。旅游资源因所处的地理位置不同，其所能够产生的价值及对旅游者的吸引力也是大不相同的。例如很多人可能都觉得北京香山的风景不能够与江南一些普通的山峦相媲美，但是因为香山地处我国首都北京市，所以就能够吸引许多游客慕名前来游览，而这也使得北京香山在旅游方面的价值远远超过那些地处偏远山区旅游景点的价值。因此，各个地区在开发旅游资源时，一定要将位置优势充分突显出来，并且要对资源条件大致相同而地理位置有所差异的地区采取不同的开发策略，从而避免在旅游资源开发中出现资源遭到浪费而影响经济效益的不良现象。

第三，经济地理位置的变化与地区的交通状况密切相关。例如，在15—17世纪地理大发现和苏伊士运河开通之后，意大利的经济地理位置就因此而发生了很大变化。所以，相应地区在开发旅游资源的实际活动中需要综合考虑景点所在地的地理环境，并尽力改善当地的交通条件以使得旅游资源得到充分的开发。我国西部地区中蕴含着独特的自然旅游资源和丰

富的人文旅游景观，所以西部地区对国内大多数旅游者具有一定的吸引力，但是由于西部地区较为偏远且不具备发达的交通状况，经济水平也相对落后，这些都是影响西部旅游资源得到开发和利用的重要因素。但是，随着我国西部大开发战略计划稳步地实施推行，西部地区的交通和经济情况必然会得到较好的改善，而这也将使得西部地区的旅游业得到进一步的发展。

第四，旅游区划和旅游规划是与旅游景点位置密切相关的重要原则。地理位置之间具有的相关性也反映出了某些事物之间的联系性，例如我国早在 1992 年"中国友好观光年"首批推出的"北国冰雪风光游""西南少数民族风情游""丝绸之路游""长江之旅""黄河之旅"等十四条专项观光旅游路线，都充分体现了地理位置和旅游发展之间的重要相关性。

最后，经济地理位置和政治地理位置对于一个国家和地区的发展有着非常重要的影响，直接决定其旅游行业中的国际客源市场。另外，由于我国距离世界目前的主要客源地北美和西欧较远，所以我国在国际旅游业方面与一些地理位置优越的国家相比较处于劣势地位，但是随着我国改革开放的逐渐深入和综合国力的不断增强，以及我国加入了世界贸易组织等等这些都能给我国的经济地理位置和政治地理位置带来积极的影响，我国旅游业在发展过程中一定能够吸引更多的外国观光者。

第二节　唐崖土司遗址地理位置分析

一、地理和自然条件

1. 丰富的自然资源

唐崖土司城遗址地位于湖北省恩施土家族苗族自治州咸丰县唐崖镇。它背靠玄武山，面向唐崖河，在古代属于施州地区。主要民族是自古以来就定居在这里的土家族。自元朝末年起，该地一直处于覃氏土司的世袭统治之下，统治着 600 平方千米的领土。

土司城所在的咸丰县地处武陵东部，湖北省西南边陲；它是楚蜀的腹地，也是荆南重要的战略之地，古称"荆南雄镇""楚蜀屏翰"。地理位置处在东经 108° 37′ 8″ ~ 109° 20′ 8″，北纬 29° 19′ 28″ ~ 30° 2′ 54″，靠近鄂、湘、黔、渝四省（市）边区结合部，距州府所在地恩施 98 千米，距重庆市黔江区 53 千米。

咸丰县境内山峦起伏，沟壑纵横，有较大洞穴 333 个，主要高山有星斗山、人头山、二仙岩、坪坝营等，共 7 900 多个山头。地形地貌复杂，呈南部高、中部低、东部向西部倾斜的特点。沿龙潭河河床东北高、西南低，形成龙潭河水倒流的奇观，境内海拔最高点 1 911.5 米，最低点 445 米，相对高差为 1 466.5 米，以高山地区为主，占总面积的 68%。

咸丰地区拥有良好的生态环境，一年四季气候温和适宜，孕育了丰富的物产。森林覆盖率高达 80% 左右，是鄂西林海的主要组成部分。

首先是丰富的动植物资源。咸丰县境内发现的草本植物达 160 多科 900 多种，拥有古杜鹃、红豆杉、珙桐等 10 多个世界级珍品树种群落。尤其是"金丝桐油"在全球都拥有极高声誉，优质坝漆远销海外，素有天然植物园之称。已发现的药用植物也极为丰富，达一千多种，以鸡爪白术、党参、鸡爪黄连、甜味绞股蓝、半年烂七叶一枝花、竹节人参等为主的名贵中药材，使咸丰享有"华中药材库"之誉。咸丰还是中国优质烤烟生产基地，这里盛产的烤烟，以其品质饮誉世界。

咸丰县境内的野生动物达数百种，拥有金钱豹、香獐等国家一级保护动物，有猕猴、穿山甲、黑熊、大灵猫、果子狸等国家二级保护动物多种，境内的忠建河是国家级大鲵自然保护区。

咸丰素有"湖北仔猪第一乡"之美称，这里生产的"湖川山地猪"不仅在湖北受到欢迎，在湖南、重庆、贵州等周边地区也有良好的市场，其加工制作的"富硒乳猪"系列产品，享誉全国，畅销东南亚。

咸丰境内的矿藏资源也极为丰富。这里蕴藏着多种矿产，有稀世珍品松香玉、贵妃玉，还有高品位硒资源矿床约 16 700 万平方米，举世罕见。煤炭、汞矿为 A 级储量，大理石、重晶石、方解石、铜矿、高岭土等为 D 级储量。其中含煤地层面积达 500 多平方千米，储量 1 000 多万吨。

咸丰境内拥有多条河流，内水能资源丰富，水能蕴藏量可观。著名的唐崖河流经咸丰县中部，天然落差大，水能蕴藏丰富，两岸建有多座小型水电站。上游两岸多漆树林，为著名"坝漆"的主要产区。

2. 优越的地理条件和遗址资源

唐崖镇位于咸丰县中西部，集镇位于唐崖河畔，是唐崖镇的政治、经济、文化中心。唐崖镇距咸丰县城 28 千米，东与咸丰县高乐山镇、清平镇接壤，南与朝阳寺镇接壤，北及西北与小村镇、火龙坪镇接壤，西南与大路坝区、重庆市黔江区忠塘乡接壤。所在地处东经 108° 41′ 36″ ～ 108° 48′ 06″，北纬 29° 24′ 24″ ～ 29° 38′ 54″，东西距离 30 千米，南北宽 28 千米。

全乡共有 37 个行政村，总人口 4 万多人。生活在当地的少数民族有土家族、朝鲜族、回族、苗族、侗族、布依族、瑶族、彝族、羌族、壮族等少数民族。烟叶是全乡支柱产业之一，黄阳坪村是全省种烟状元村。

唐崖河绵延三千八百里，孕育了湖北省西南部的一块福地——湖北咸丰唐崖镇。土司覃鼎因战功显赫被朝廷钦赐功德牌坊"荆南雄镇""楚蜀屏翰"，尖山因此而得名。唐崖土司城址规模宏大、保存完好，被列为国家级重点文物保护单位。这里有优美的自然环境和丰富的物产，是湖北省无公害农产品基地；土家族吊脚楼群立，风光独特，民族风情浓郁，文化底蕴深厚。

唐崖土司城遗址建造别具一格，是土家族民俗文化和土家族建筑艺术的集中体现。始建于元朝的唐崖土司城是全国保存最完好的土司城遗址之一，明代皇帝朱由校御笔亲授的"荆南雄镇""楚渝屏障"牌坊、张王庙、土司陵墓遗址、夫妻杉等丰富的古迹遗存向人昭示着土司王朝昔日的辉煌。朝阳库区水天一色，风光旖旎，是旅游观光的好去处。境内峰峦叠嶂，珍稀动物数百种，植物资源达一千多种，是武陵山区重要的绿色宝库。

位于咸丰县城西北方向 30 千米的唐崖土司城址核心区，面积 4 平方千米，为元、明时期唐崖土司治所。土司城建于元代，整修于明代，历时四百余年，主城区有三街十八巷三十六院遗址格局。土司城前临唐崖河，后靠玄武山，地势险要，风光独具。土司城周围以石砌墙基，上筑土垣，残高一米左右。周围建有校场、万兽园、阅兵台、大小衙门及左右营房，建有桓侯庙，立有石牌坊。

土司城遗址中的古代城墙和街道遗迹自改土归流几百年来，虽几经变更，又遭特殊年代浩劫，但至今仍清晰可辨，石牌坊完好无损，桓侯庙的石人、石马犹存，是目前湖南、湖北、四川、贵州等少数民族地区中最典型、规模最大、保存最完整的一处土司城遗址。现存的土司城内外遍布人文景观，最主要的有石人、石马、石牌坊等大型石雕，土王墓葬及古墓葬群、夫妻杉、妃子泉等数十处景点。土司墓群处于土司城后山一带，建造别具一格，集中体现了土家族民俗文化。石牌坊后山上有一对苍翠挺拔的夫妻杉，相传是覃鼎宣慰使的夫人田氏于明天启年间亲手所栽，至今，树高四十多米，冠幅两百多平方米，两树枝干连理，如夫妻携手，恩恩爱爱，人称"夫妻杉"。

二、交通分析

咸丰县地处湖北、湖南、贵州、重庆四地边区结合部，交通体系发达，公路方面，已开通的有恩黔高速，规划中的有咸来高速、咸利高速；铁路方面，有已开通的渝怀铁路、宜万铁路、黔张常铁路和规划中的恩黔铁路；航空方面，有距离咸丰县车程 1.5 小时的恩施许家坪机场，有距离咸丰县城只有 0.5 小时车程的黔江武陵山机场。整体上形成了"三高四铁两机场"的快速立体交通网络。咸丰县"承东启西、东进西出、南来北往"的区位优势凸显，交通条件极其便利。

1. 航空交通

（1）恩施许家坪机场

恩施许家坪机场，位于中国湖北省恩施土家族苗族自治州首府恩施市许家坪路 38 号，距离北面的恩施火车站仅有 3 千米，距离南面的恩施市中心城区 3.5 千米，为 4C 国际支线机场。恩施许家坪机场于 1993 年 11 月 28 日正式建成通航。2019 年 4 月 18 日，恩施许家坪机场航空口岸获批临时对外开放。据 2020 年 3 月机场官网信息显示，恩施许家坪机场有航站楼两座，其中 T1（国际）航站楼面积为 5 319 平方米，T2（国内）航站楼面积达一万平方米；站坪设有六个 C 类机位，其中三个为远机位；跑道全长 2 600 米，宽 45 米，可满足年旅客吞吐量 160 万人次的使用需求。2019 年，恩施许家坪机场共完成旅客吞吐量 142.692 万人次，同比增长 37.3%，全国排名第 90 位；货邮吞吐量 1 629.8 吨，同比下降 4.4%，全国排名第 106 位；飞机起降 12 987 架次，同比增长 37.7%，全国排名第 119 位。

恩施许家坪机场离咸丰县城的距离为 150 千米左右。目前机场没有公共交通，只有计程车，游客可以先乘计程车到达航空路车站后，再乘中巴车到咸丰县城。

（2）黔江武陵山机场

黔江武陵山机场，位于中国重庆市黔江区舟白街道张家坝机场路，西距黔江区老城区直线距离为 3 千米，为 4C 级民用支线机场，是重庆市"一大四小"机场架构的重要组成部分，是国家和重庆市定位的武陵山地区重要的航空门户和旅游中转港。2010 年 11 月 22 日，黔江机场建成通航，正式定名"黔江舟白机场"；2011 年 11 月 5 日，黔江舟白机场正式更名为黔江武陵山机场；2015 年，黔江武陵山机场开始一期改扩建工程。

据 2020 年 5 月重庆机场官网信息显示，黔江武陵山机场航站楼面积为 2 900 平方米，站坪设四个 C 类机位；跑道全长 2 400 米、宽 45 米，可满足年旅客吞吐量 26 万人次的使用需求。2020 年夏航季，机场共开通九条航线。2019 年，黔江武陵山机场共完成旅客吞吐量 49.812 8 万人次，同比增长 21.5%，位居全国第 146 位；货邮吞吐量 214.2 吨，同比增长 31.1%，位居全国第 174 位；飞机起降 5 672 架次，同比增长 15.2%，位居全国第 159 位。黔江机场是离咸丰县最近的机场，直线距离仅 27 千米。

2. 陆地交通

陆地交通以高速公路、省道及铁路为主。咸丰县附近主要高速为宣黔高速、安来高速、沪渝高速。黔张常铁路即由重庆黔江向东南经咸丰来凤、湖南龙山、力永顺、桑植至张家界、常德铁路。线路全长 340 千米，咸丰、来凤境内长 56 千米。

咸丰附近的铁路有渝怀铁路、宜万铁路。新建的郑贵高铁，从河南郑州到湖北巴东、恩施再到重庆黔江，最后到贵州贵阳（以下简称郑贵高铁），是规划中的一条从河南省郑州市至贵州省贵阳市的客运专线。该线经巴东、建始、恩施、宣恩、来凤、咸丰后进入重庆市，经黔江、酉阳后进入贵州省，后经沿河、思南、印江、石阡、余庆、瓮安、开阳至贵阳市，贯通南北多省。

唐崖风景名胜区目前主要依托周边公路承担对外交通联系的功能。世遗唐崖景区和青狮河景区可通过利咸高速、县道 030 和县道 031 与咸丰县城相连；小南海地震遗址景区、朝阳画廊景区、唐崖河山水土家风情景区可通过省道 S248 与咸丰县相连；黄金洞麻柳溪羌寨景区和小村乡红色田园景区可通过高速 G351 与利川市相通；小南海地震遗址景区可通过 S209 与重庆市黔江区相连。风景名胜区通过上述公路到达咸丰城区后可通过恩黔铁路、黔张常铁路、S209、S232、S248、利咸高速等道路与宣恩、咸丰、利川、黔江相接，抵达全国各地。

武汉方向到咸丰的交通路线，从武汉乘飞机或高铁到恩施，再从恩施到咸丰地区，沿途可游览景区为恩施大峡谷、坪坝营景区、黄金洞、唐崖土司城、麻柳溪、二仙岩等地。从张家界方向到咸丰的交通路线，可经永顺、来凤到咸丰，成都、重庆方向到咸丰可先经黔江、利川再到咸丰，一路可领略到武陵源山脉地区的自然风光。

3．水路

清江是长江中下游南岸的支流，源于利川市汪营镇上十庙，全长 428 千米，流域面积达 16 714 平方千米，州内河长 275 千米，流域面积 10 860 平方千米，州内支流 198 条。

唐崖河在湖北省西南部和重庆市东南部，为山溪性河流，天然落差 1 159 米，水能蕴藏丰富。因为元朝于上游地区置唐崖千户所，因此有此名，又称唐岩河，是乌江上的支流，源出湖北省利川市东南安家山，曲折南流，至重庆市酉阳县龚滩入乌江，全长 249 千米，流域面积 5 585 平方千米，州内河长 115 平方千米，流域面积 2 512 平方千米，州内支流 43 条，较大的有冷水河、南河、野猫河等。

三、唐崖土司遗址良好的区位优势

1．咸丰县在中国经济协作区的区位

咸丰县位于湖北省西南部，地处武陵山区中部，属云贵高原向东延伸的部分。县城距省会城市武汉市 786 千米，距州府所在地恩施市 98 千米，距重庆市黔江城区 53 千米。周边主要交通干线有 G50 沪渝高速、G65 包茂高速，G318、G209、G319 等国道，S302、S248、S202、S249 等省道，铁路主要有渝怀铁路、枝万铁路。

2．咸丰县在武陵山经济协作区的区位

咸丰县位于武陵山区两条发展轴的交会地带，受重庆市都市圈直接影响，区位优势明显。咸丰县周边还有小南海、武隆天坑、腾龙洞、恩施大峡谷等旅游景点。旅游区位优势同样明显。

3．咸丰县在恩施州的区位

咸丰县位于恩施州的西南边陲，东与恩施市、宣恩县接壤，东南与来凤县交界，西部与南部同重庆市酉阳县、黔江区毗邻。北部与利川市相连。县境内的主要交通干线有：恩黔、咸来和咸利高速公路，353 和 351 国道，黔张常铁路和恩黔铁路，椒石、利咸、咸来等省道。咸丰县紧邻恩施州城镇发展南轴，为县市域中心城市，与州域副中心城市来凤县联系紧密。

4．唐崖镇在咸丰县的区位

唐崖镇位于咸丰县的中南部。距县城 28 千米，东与清坪镇、丁寨乡相连，西与活龙坪乡接壤，南与朝阳寺镇交界，北与小村乡毗邻。唐崖镇为咸丰县文化旅游核心区。唐崖镇位于咸丰县城镇发展主轴和两条城镇发展次轴的交会地带，发展优势突出，唐崖镇处于咸丰县核心——半小时圈与北翼——文化旅游翼的结合区域，交通优势和区位优势明显。

第三节　文旅竞争性分析

一、周边旅游环线分析

咸丰周围有三大旅游环线，分别是大峡谷环线，武陵源环线和黔渝环线。

1. 恩施大峡谷旅游环线

恩施大峡谷旅游景区处于北纬 30 度，位于我国湖北省恩施市屯堡乡和板桥镇境内，在湖北、重庆和湖南三地相交之处，离恩施市区 50 千米左右，距利川市区约 40 千米，因其景色的优美和独特，受到了国内外许多游客的青睐。大峡谷总长 108 千米，面积达 300 平方千米，可观赏景点相当丰富。近些年来，该景区获得了多项荣誉，成为湖北省旅游景点的领头羊。

在恩施大峡谷内有着许多极具特色的景观，现在已开放云龙地缝和七星寨这两个核心景区，其中五个最为著名的景观被称为五大奇观。恩施大峡谷整个景区占地面积达 35.2 平方千米，其中包括了各式各样的奇特天然景观，如：溶洞、暗河、奇形怪状的岩石等，每一处景观都极具地域特色，被公认为是喀斯特地形地貌天然博物馆。

2015 年 7 月，恩施大峡谷被国家旅游局授予"国家 5A 级旅游景区"称号。同年 12 月，被选为"长江三峡 30 个最佳旅游新景观"之一。

（1）地理和气候环境

清江恩施大峡谷大致处于长江三峡附近的湖北西南部，是清江流域中最为壮丽的一段景观。大峡谷的西北部为巫山山脉，东南部为武陵山脉余支，中部为局部断陷盆地。

在地形上，恩施大峡谷整体呈西北西南高，中间低的特点。西北及南部两侧较高，接近山地地形，海拔在 800 米左右；其西南及东北部许多地

区的海拔高达 900 米，并且还有较为壮观的山间坝槽坐落其中；中部地区
丘陵起伏，因为地壳运动的关系，使得中部出现盆地，整体较为开阔，平
均海拔大约 500 米。这片区域的地层能够很好地表现出此地在远古时期的
地理环境，这里曾经有着较为广阔的滨岸或碳酸盐台地以及浅海陆棚海。
另外，丰富的碳酸岩沉积为该地独特地形的形成创造了良好的物质条件。
该地区地形的特点使得境内的山脉基本呈西南—东北走向，河流走势也大
致如此。除此之外，该地区还有许多重重叠叠的山脉，幽深的河谷，并且
因水流速度快，落差大，使得瀑布数量较多。而且因特殊的地理环境，还
形成了面积较大的喀斯特地貌，清江两岸 70%的地段均为喀斯特地貌。

　　恩施大峡谷虽然是温带季风气候，但由于多种因素的影响使得当地夏
季温度不高，冬季不冷，还有良好的日照，这些因素使得当地的环境气候
宜人。整个峡谷各种地理因素的共同影响使得当地形成了独特的气候条件
以及各种丰富的气候资源，并且展现出独特的气候垂直分布特征，形成当
地特别的局地小气候。当地气候的特点主要是地势上升的同时温度相应下
降，湿度相应上升，这种气候的形成与地势有着直接的相关性。该地区的
年均温度大约在 16℃，无霜期超过全年天数的 70%，年日照时长达 1 300
个小时，相对湿度为 82%。全年降雨量 1 400-1 500mm，其中三分之二的雨
水集中于五至八月，但是在七月中旬到八月初往往会出现伏旱天气。另
外，这里地势复杂，不同的地势下气候也不尽相同。在低山附近常年气候
温和，降水量丰富，但在高山地区则是夏季温暖，冬季寒冷，降雨量较
多。尤其是在海拔 1 600 米以上的山上，冬季较为漫长，没有夏天，春秋季
连在一起，山峰的高处和低处气候相差较大。恩施大峡谷水能资源十分丰
富，河床落差大，流速快，流量大，境内山河高低起伏，错落有致。

　　恩施大峡谷拥有许多珍稀保护物种和许多矿产资源，因为拥有丰富的
硒，它还被称为"世界硒都"。另外，当地独特的地理条件和丰富的自然物
产，使得当地饮食极具多地特色。许多当地美食受到了外地游客们的喜爱，
比如合渣、腊肉、柏杨豆干、土家炕洋芋等，比较有名的特产还有富硒绿
茶、宜红茶。

（2）主要景点

客运索道。索道位于恩施大峡谷云龙河大桥东侧至小楼门，有上下两个站房。上站房在小楼门西北部的山坡之上，海拔有 1 641 米；下站房在云龙河大桥东侧台地，海拔有 841 米。这条索道的出发点在云龙河峡谷西侧山坡，其终点位于小楼门"踏浪亭"南侧垭口，线路总长度约为 2 300 米，高差大约有 800 米。该条运输索道的材料主要都是从法国进口而来的。它的主要作用就是将游客从云龙地缝景区送往七星寨景区，这种交通方式不仅便利，而且安全可靠，在运输的过程当中，游客们还能够观看沿途的风景，可谓是一举两得。

绝壁长廊。又被称作是"绝壁栈道"，总长度 488 米，位于海拔 1 700 余米的山腰上，两端高度差达 300 米左右。最初修建于 2007 年 10 月份，历时一年零八个月的时间才建成。它借鉴了古代巴蜀地区对栈道的建造方法，与现代建筑的现今工艺相结合，安全，壮观，体现了古今人类的建筑智慧和勇气。人们顺着这条栈道游览可以欣赏到美丽的自然风光。

"一炷香"。是一根高耸入天的细长石柱，高约 150 米，最小直径只有 4 米，是当地著名的奇观。根据当地的传说，这根石柱是天神送给当地百姓的一根香，假如人们遇到了灾难，就可以把这根香点燃，天上的神仙看到这烟火，就会下来人间解救他们，因此，当地的人民也把它叫作难香。一炷香的形状偏于细长，孤岩高高耸立，在晴天时，如果有一朵云出现在岩石顶部，从远处看去就像是一缕香火。而在阴雨天时，岩石周围会升起一层薄雾，仿佛是一层轻纱笼罩住了一个曼妙的少女，给人带来一种美的感受。一炷香的造型体现了大自然的鬼斧神工，由于江河对该地的岩石不断进行侵蚀，才能够出现如此陡峭的石柱，而且极难保存下来，所以该石柱是目前世界上最大最长的石柱。

另外，在恩施大峡谷的附近还修建了一个大型音乐剧场，该剧场总占地面积达 240 亩左右，其中光是建筑面积就有将近 5 万平方米，与其他传统剧场不同的是，它是世界上最大的峡谷实景剧场，工人们利用当地的山水自然环境给整个剧场创造了一种别致的美。剧场拥有五百多名演职人员，可以同时容纳 2 600 名观众进场观看演出。该剧场的特别之处还在于完美还原了土家族独特风格的建筑群，如吊脚楼、六角亭、风雨廊桥等，极具地方特色，土家族文化底蕴丰厚，给观众们带去了新奇且壮观的体验。山水实景剧场体现了用现代科技方式对土家族地方传统文化所进行的一种创意性推广，是传统文化与现代技术相互融合的杰作。

恩施大峡谷中的云龙地缝，离恩施市区 60 千米，其形状呈现 U 字形，总长度有 3.6 千米，平均深度可达 75 米，是当地政府和相关旅游公司通过一系列详细设计规划后打造的多功能生态游览区，该游览区以原生态自然山水风光为主，结合现代科普探险拓展项目，集多种旅游功能于一体。该游览区的总体规划可以总结为"一核一带一区"。"一核"指地缝观光互动体验核心；"一带"指峡谷激情漂流带；"一区"指地缝探索科普体验区。该景区有着极具特色的喀斯特地貌和复杂多变的地形，也有各种各样奇特的自然景观，游客可以在导游的带领下，充分了解当地的地质历史，亲临其中，感受大自然的鬼斧神工。

恩施沐抚大峡谷是清江大峡谷中的一段，全长 108 千米，两岸峰峦起伏，江水清澈。恩施大峡谷是世界上最美丽的大峡谷，风景秀美、景观丰富、层次多样，另外，这里还是巴文化的发祥地，人文景观极具特色，相比于美国科罗拉多大峡谷而言这里文化底蕴更加丰厚。大峡谷是典型的喀斯特地貌，其中的景观都是自然形成的，像原始森林、山顶云海、千丈瀑布等等。尤其值得一提的是这里建有中国最长旅游观光电梯，方便人们观赏，游客不需要耗费太多的体力，且安全性和舒适度较高，特别适合老人或小孩游玩。

恩施大峡谷占地面积开阔，特色景观众多，旅游资源丰富，其中有五大景观最为著名。第一大奇观可概括为"清江升白云"，这里的云海极具气势，造型丰富，不像其他地区的云海那样散乱无序。沐抚峡谷中升起来的云海宛若一条雄伟的巨龙腾空而起，有着数百里长的身躯，给人带来一种朝气蓬勃的感觉，让人们能够在这种美景当中感受到自然的美好。第二大奇观是"绝壁环峰丛"，对于喀斯特地貌而言，多数都是有绝壁者就不会有峰丛，绝壁和丛峰这两种景观一般是不会同时出现的，但是沐抚大峡谷却同时拥有这两种景观，不仅面积大，而且景观雄伟奇特，可观赏性高，这样奇特的景观在全世界范围内都是稀有的。第三大奇观是天桥连洞群，密集的洞穴群落是大峡谷中的一大特点，据统计，大峡谷沿线目前发现的大小洞穴达 200 多个。板桥的热云洞就是其中一个特别的洞穴，它由石壁相隔形成两个天然的洞口，一洞通热风，一洞出冷风，冷空气和热空气相互接触后产生大量的雾气，使这个洞穴看上去像是仙境一般，虽然入口小，但是洞内空间宽敞，可容纳数万人，更巧妙的是还有天然形成的石桥使洞群相连。第四种奇观是地缝接飞瀑，恩施大峡谷当中的云龙河地缝总长度达 7.5 千米，地缝最深处达 75 米，地缝当中有着各种各样的奇形怪状的岩石，特别是地缝两旁无数条瀑布更是给人们带来了极其震撼的感受。第五种景观是暗河配竖井，我国的科考队通过数十年的探索和考察，发现奉节龙桥河至恩施大峡谷的地下暗河总长达 50 千米，位居世界首位，光是暗河上面的竖井就有 108 个，与新疆坎儿井有着异曲同工之妙，十分壮观。

（3）旅游开发建设

恩施大峡谷拥有极其丰富的自然资源和良好的生态资源，具有很大的旅游开发价值。为了利用好这里的旅游资源，恩施有关部门和有实力的企业共同投资，在大峡谷内联合开发了一个旅游综合服务枢纽项目。该项目占地面积达 600 亩，投资近 3 亿元人民币，建设内容包括修建游客接待中心、游客换乘中心、餐饮中心、休闲娱乐中心和购物中心等多个方面。

项目开发的第一期主要是修建马鞍龙生态停车场，包括建造两千多个停车位和相关的一些配套设施，组建一些专业的车队为游客提供出行服务，已经在 2010 年 10 月正式投入使用。第二期主要是修建恩施大峡谷游客中心，总建筑面积有九千多平方米，由接待楼、天街、天桥等项目组成。接待中心楼、天街分别分为地下、地上各两层，主要为票务中心、行政办公、商业用房及配电房等功能室，这一部分主要负责满足游客在游玩过程中的需求；天桥为地下、地上各一层，地上一层为连接接待中心和天街的交通平台，这部分主要负责游客们的出行，为游客们的出行提供便利，地下一层为设备用房，主要是用来完善当地的基础设施，满足游客们的生活需求。游客中心是恩施展现自己优秀旅游形象的重要窗口，该中心交付使用后，给景区的发展以及游客们的旅游体验带来了很大的推动力，2015年，恩施大峡谷成功晋级国家5A级景区。

恩施大峡谷大型山水实景音乐剧场总投资两亿多元，由恩施当地的旅游企业投资建设。剧场建成在独具喀斯特地貌的大峡谷旁边，占地面积240多亩，总建筑面积4.9万平方米，是目前世界上最大的峡谷实景剧场，演职人员达五百多人，建设了可容纳两千多名观众同时观看的观众席。

该剧场引进了多种先进的舞台特效技术，如德国MA灯光控台、美国科视数字高清投影、日本罗兰M-480数字调音台等等现代高科技，灯光达一千多盏。绚烂的灯光、雄浑的音乐、优美的绝壁风光与各种精美的舞美制作交相辉映，给观众的视觉和听觉带来不同凡响的感官体验，极具震撼力。

恩施大峡谷景区的景观极为丰富，有七星寨景区角和云龙地缝景区两大核心景区以及实景剧演出《龙船调》。恩施大峡谷的一炷香、迎客松、大地山川、母子情深等精华景点皆在七星寨景区。峡谷中的百里绝壁、千丈瀑布、傲啸独峰、原始森林、远古村寨等景点美不胜收。其中两座位于一炷香石柱旁的山峰于2012年4月22日被命名为迪恩波特双子峰。它也是湖北恩施腾龙洞大峡谷地质公园的一部分。

恩施大峡谷经政府和企业的整体开发打造，现今已成为一个对外开放的新兴旅游热点景区，在省内外乃至世界范围内都享有了一定的声誉。

（4）交通情况

随着我国交通事业的发展及恩施旅游业地位的提高，目前从我国各个方向到恩施的交通都比较便利。航空方面，许家坪机场距离恩施市区4.5千米，北京、广州、武汉、上海、海口等地均有航班前往恩施，但中途需在武汉转机。铁路方面，恩施火车站距市中心7千米左右，是宜万铁路地级最大中间站，目前已经开通了动车和高速铁路，从宜昌到恩施只需要一个多小时。公路交通，恩施市区有舞阳车站和清江宾馆车站，前者有发往武汉、广州、重庆等大中城市以及州内其他县市的班车，后者主要发往武汉、宜昌、沙市、仙桃等省内城市及州内其他县市区。

另外，还可以采取自驾方式。自驾去恩施一般有两条线路，北部以及中东部方向可以经武汉、宜昌再至恩施，西南方向可沿重庆经利川到恩施。要注意的是恩施境内多为盘山公路，有一定的危险性，出行的话一是需要注意天气状况良好，二是驾驶要减速谨慎，对于山路经验不丰富者不建议自驾。

2. 武陵源风景区

（1）地理和气候环境

著名的武陵源风景区地理位置在东经 110°20′30″ ~ 110°41′15″ 与北纬 29°16′25″ ~ 29°24′25″ 之间，处于中国的中部地区——湖南省西北部。武陵源风景区主要由处于张家界市内的张家界国家森林公园、处于利县及桑植县的索溪峪自然保护区和天子山自然保护区所组成，后续又增加了杨家界新景区。由于武陵源风景区的组成部分相对较多，因此幅员极为辽阔，总面积达到 500 平方千米，其中包括 3 000 多座高山，海拔超过千米以上的奇山异峰有两百多座。

武陵源风景区的地质结构是石英砂岩与石灰岩结合部，正因为其地理位置的特殊性，使得景区的北部地区呈现出大片石灰岩喀斯特地貌，在经历过亿万年的河流变迁之后，河流降位侵蚀溶解，让武陵源风景区当中形成了无数的溶洞、落水洞及大量溪流泉水等自然景观。武陵源风景区中最常见的气象景观为云雾，它主要有五种形态，分别为云雾、云涛、云海、云瀑和云彩。五种不同的形态给人们的视觉所带来的感观也不尽相同，姿态各异。

武陵源风景名胜区光热充足，雨量充沛，四季分明，气候类型为典型的中亚热带山原型季风性湿润气候，其自然资源类型丰富多样，森林覆盖率达到 85%。武陵源风景名胜区当中的野生动物和木本植物多种多样，含有四百多种的野生动物，其中包括豹、云豹、黄腹角雉三种一级保护动物，大鲵、猕猴、穿山甲等二十五种二级保护动物。此外，还包括多种的木本植物，其中含有珙桐、伯乐树、南方红豆杉等五种一级保护植物以及白豆杉、杜仲、厚朴等十六种二级保护植物。

正因为武陵源风景区的生物多样性和良好的生态环境，使得武陵源被赋予自然的迷宫、森林的王国、地质的博物馆、植物的百花园、野生动物的乐园等称号。1992 年，武陵源景区被列入《世界遗产名录》；2004 年被列入我国首批《世界地质公园》；2007 年进入首批国家 5A 级旅游景区行列。

（2）主要景点

武陵源风景区主要包括张家界国家森林公园、索溪峪自然保护区、天子山自然保护区以及杨家界新景区。

张家界亦称青岩山，处于武陵山内部，面积约为 130 平方千米，是我国真正意义上的第一个国家森林公园。张家界的地形地貌相对奇特，砂岩峰林地貌是其独特的自然地理特征。张家界国家森林公园内部含有两千多座形态各异的石峰。由于其树木茂盛，使得景区内的森林覆盖率高达 88%，其中较为著名的景点有黄狮寨、金鞭溪、砂刀沟、金鞭岩等。

天子山自然保护区的地理位置处于武陵源区的西北方位，与张家界国家森林公园以及索溪峪自然保护区紧密相邻，形成了非常壮观的风景区。

所谓杨家界的风景区主要是指在 1992 年发现的新景区，这一新型景区位于张家界的西北角，总面积约为 3 400 万平方米。

索溪峪自然风景区因为其溪水类似于绳索而得名，其本身具备着非常独特的地理地貌以及丰富的生物种类。在风景区当中含有两千多座山峰、十九道沟壑及六条溪流。在索溪峪风景区当中较为著名的景点主要有十里画廊、南天门、黄龙洞、鸳鸯瀑等。

前面对武陵源风景区当中所涵盖的景区特征进行了相应的分析，明确了武陵源风景区的几个组成部分，现对其中几处典型的景点介绍如下：

南天一柱景点。南天一柱的高度为 300 米，一头顶天，一头入地，是名副其实的顶天石柱。它位于张家界国家森林公园中，大致方位处于黄石寨游览线一带。武陵源风景区中的地貌独特，含有多种怪石，而南天一柱就是其中的典型代表。在风化作用和水蚀作用的影响下，岩石化解、碎裂并出现崩塌现象，南天一柱由此形成。

琵琶溪景点。在琵琶溪当中树木生长茂盛，且山峰嶙峋，形成了一道非常亮丽的风景线，其中非常经典的景点有九重仙阁、望郎峰、夫妻岩等。望郎峰的形状为农妇模样，从不同的角度观看望郎峰，能看出三种不同的姿态。

定海神针景点。该景点位于黄石寨游览线一带，主要形态为五座山峰，每座山峰都犹如针一样插入地下。传说是美猴王的兄弟猕猴王为了保护花果山而在东海龙王那里捡来的绣花针变化而成，入地三千丈。

天桥遗墩景点。位于黄石寨风景区西面，主要是由高 200 多米的六座圆形石柱组合而成，每座石柱之间相隔 300 米，并呈现出拱形弧线的形态，神似于桥墩，故被称为天桥遗墩。每当下雨天，云雾弥漫，桥墩呈现出若隐若现的姿态。如果运气好遇到东边日出西边雨的气象，便会有彩虹与桥墩形成双美合璧的奇观景象。

雾海神龟景点。该景点的名字来源主要是因为在石峰顶端上有一块椭圆形的岩石，其形状与乌龟相似，在云雾缭绕的时候，这块长 5 米，高 2 米，宽 1 米的椭圆形岩石如慢慢蠕动的乌龟一般，故而被称为雾海神龟。

（3）旅游路线及交通

武陵源风景区经典游览路线为：张家界国家森林公园—黄石寨—金鞭溪—百龙天梯—袁家界—乌龙寨—天波府—老屋场—天子山—贺龙公园—十里画廊。基本上囊括了沿途特色景点。

航空方式，离武陵源风景名胜区距离最近的飞机场为张家界荷花机场，距离约 5 千米，机场有直接发往市区的大巴。铁路交通，坐火车可到达张家界火车站，在火车南站有前往景区的大巴，车程约 40 分钟。公路交通，乘长途汽车可前往长沙，然后在长沙汽车西站和汽车东站均可转车到达张家界。也可以直接到达张家界中心汽车站，中心汽车站有直达景区的大巴。

由于该景区未对私家车开放，因此自驾车不可以直接进入景区，自驾游客须先把车停到张家界森林公园门票站外面，或武陵源门票站外面，再转乘景区的环保车入内。

3. 黔渝环线

（1）重庆洪崖洞

处于重庆市渝中区嘉陵江滨江路的洪崖洞总长近 600 米，处于长江、嘉陵江两江交汇的滨江地带，它本身具备着观光旅游等功能，是人们休闲度假的良好去处。洪崖洞风景区是当地人民政府花费 3.85 亿元进行投资开发建设的重点景观工程。其建筑面积达到 4.6 万平方米，其中主要涵盖吊脚楼、仿古商业街等景观，在洪崖洞景区当中我们可以看到"一态、三绝、四街、八景"的经营形态，充分展现重庆本地的慢生活节奏以及休闲的文化业态。

洪崖洞景区当中的吊脚楼属于干栏式建筑，为了方便游客观看风景，其在建立时依山就势，沿江而建，并且房体的构架相对简单，形态灵活，吊脚楼群从解放碑直达江滨。依山傍江的吊脚楼群在建设中形成了线性的道路空间，具备独特的景观特征。从根本意义上来讲，洪崖洞的存在既能够充分说明重庆的历史文化，同时也能够深刻地代表重庆的精神气象。

位于重庆市渝中区的洪崖洞民俗风貌区在具体开发时沿江而设，商业建筑面积达六万平方米，其中通过借助分层筑台、吊脚、错叠、临崖等山地建筑手法，对餐饮、酒店、娱乐、休闲、保健和文化等六大业态进行集成，形成了独特的商业中心。

洪崖洞风景区的开发建设使得重庆的商业得到了相应的发展。洪崖洞景区担当着重庆市核心商务区的经济发展职能，能够有效地推动重庆市的经济发展，洪崖洞的景观所吸引来的游客到访量也成为解放碑商业客流的支撑。由于重庆洪崖洞的民俗风貌区的独特的景观特征，2007 年 11 月该地被评为国家 4A 级旅游景区，2020 年 11 月又被列入"成渝十大文旅新地标"。

（2）武隆后坪天坑群

在武隆后坪境内有一个非常著名的景点，即重庆武隆后坪乡天坑群，它是世界上唯一一个是由于地表水的冲蚀而形成的天坑群。这一景区的总面积约为 38 平方千米。

武隆后坪乡天坑群景区当中较为著名的景点为阎王沟岩溶峡谷，这一峡谷的总长度为 2 300 米，深度为 500 米左右。峡谷内部的下段宽度较小，且峡谷深度较高，使得峡谷呈现出气势逼人的形态，具备独特的观赏价值和文化价值，对于人们了解该地区的地貌发育演化史以及水文地理等特征都具有重要的意义。

武隆后坪天坑群是由于地表水的冲蚀而形成的，据科学家研究，形成后坪天坑所需要花费的时间大致为230万年左右。通过对其地貌进行研究，可推断出在天坑周围曾经有水量较大的河流聚集。由于河流的流动力和水量相对较大，三四条河流由此形成漩涡对地表进行冲蚀。此外，这种外源水的侵蚀和溶蚀能力相对较强，在二者的共同作用下导致洞口不断扩大，在时间的推移当中便形成了天坑。武隆后坪天坑群中的箐口天坑形态非常完美，乃世界罕见景观。

在重庆武隆后坪乡天坑群当中相对著名的几个景点有箐口天坑、牛鼻洞天坑、打锣凼天坑、石王洞天坑、二王洞、三王洞、天平庙天坑、麻湾洞、宝塔石林及文凤山苏维埃政府纪念碑等。由于重庆武隆后坪乡天坑群经典的地质地貌，其在2007年6月27日被列入世界自然遗产名录。

（3）龚滩古镇

中国的历史文化名镇之一——龚滩古镇是我国的国家4A级旅游景区，被誉为乌江画廊的核心景区。其地理位置处于武陵山区的重庆酉阳县境内，与重庆市和贵阳市相邻，交通相对便捷，无论采用哪种交通工具均可达到。

龚滩古镇起源于蜀汉时期，距今约有1 800年的历史，其在历史的沉淀当中积累和遗留了众多的传统文化。由于龚滩古镇所处的地理位置非常优越，从古至今一直是乌江流域乃至长江流域的货物中转站。龚滩古镇中较为经典和著名的景区主要有鸳鸯楼、夏家院子、西秦会馆、董家祠堂等。除了著名的景点之外，该古镇的美食特产也非常出名，如龚滩酿豆腐、龚滩绿豆粉、龚滩烧白等。在特定的节日当中，龚滩古镇还会举办非常具有特色的文化活动，如土家族刨汤节、塔读文学活动等。正因为龚滩古镇本身的魅力以及其具有的历史文化意义，它被评为2017最受网民喜爱的十大古村镇之一，后又入选第七批中国历史文化名镇以及"巴蜀文化旅游走廊新地标"。

为了深度还原龚滩古镇，重庆政府在 2005 年 10 月正式启动古镇的搬迁复建工作，并于 2008 年正式完工。在对龚滩古镇进行复建的具体过程当中，为了保护其本身的文化价值，文物保护单位及相关建设单位秉承着"原物原样"的方式进行搬迁，深度还原龚滩古镇的形态，成功完成了整个古镇的复建工作。在此过程当中，为了对民居进行复建并加强对民居复建工作的指导与管理，重庆市的文物局也出台了相应的规章制度，对风貌民居中的复建工作提出了相关要求，其中明确指出在针对风貌民居进行具体复建时必须要严格按照规划与设计去实施复建工作，并根据实际情况对建筑中的材料工艺等方面进行明确的规定，确保复建工作能够在对文化的破坏最小的前提下，又能最大限度地还原其本来的风貌。此外，重庆市文物局和酉阳政府也分别组成了相应的专家和指导小组，对民居建房中的定点放线和外观风貌等方面进行相应的指导，确保民居建房的复建工作能够得到顺利推行。

通过对古镇进行整体的搬迁复建工作，在很大程度上推进了古镇景区的可持续发展。首先，它拓展了古镇的土地利用空间，确保能够满足进一步的发展需求。其次，通过进行搬迁复建工作，可以有效地保护当地的森林绿化和生态环境。再者，通过对古镇实施整体的保护规划，能够充分挖掘古镇所蕴藏的历史文化价值，打造滨江的文化长廊，对古镇文化遗产进行科学合理的保护和开发利用。这是很值得借鉴的地方。

二、竞品分析

1. 恩施土司城

（1）发展概况

恩施土司城位于湖北省恩施市西北方向，距离恩施市政府所在地不远。土司城近些年的发展状况比较理想，相关部门充分发挥该地的地理位置和风土人情优势，建立了多个旅游区域，其中包括十二个景区共三十多个景点。景区大门的"恩施土司城"五个大字由著名社会学家费孝通先生题写。

恩施土司城景区总占地面积约为 215 亩，最早创建于 20 世纪 90 年代末期。21 世纪初期正式对外开放。在这些年的发展中，一直坚持走旅游发展路线。2008 年，成功晋级国家 4A 级旅游景区行列。在后续的发展中，逐渐形成了一条龙式的旅游发展模式，为周边地区的旅游业发展提供了一定的指导作用，带动了当地的经济发展。

（2）主要景点

土司城中的主要景点，首先当属土司城门楼。其实当地人也将其称作看楼，在当地人眼里，这是一处象征着功德和威严礼仪的建筑物。所以，门楼在建设的过程中，更加注重的是外表的华丽与庄重。相关设计人员在设计的过程中融入了当地土家族人的人文思想，在门楼前面一左一右设置有两座神人牵龙的雕像，并起了一个象征美好生活的名字，叫作"天王送子"，所体现的是当地人望子成龙的心理，希望后代能够得到好的发展。左边城墙上的壁画是城门楼的守护神，意在守护土司城门楼永驻，城内人民平安。中间的壁画所表现出来的是民族团结。右边的壁画呈现出当地土家族人早先的生产生活情景，反映的是对稻谷神的崇拜，体现出土家族人辛勤劳作的美好画面。

土司城门楼的主体结构由木质材料构成，城门楼宽 12 米，高约 25 米。由于设计师技艺高超，所以整体结构设计非常精良。纵观城门楼的结构设计布局，从外观看非常宏伟壮观，从内部观察，布局非常合理。各转角楼梯间是可以互通的，便于从各个角度观察城外的情况。门楼包含 200 多扇门和窗，每扇门窗上都有镂空雕花图案，雕花图案中承载的大多是有趣的民间故事及戏文传说。另外，楼高和梁柱的数字也有一定的寓意，都是根据季节和节气设计的。例如，4 层高的门楼寓意着一年四季，12 根柱寓意着一年十二个月份，24 根梁寓意着二十四节气。门楼屋顶利用数只蝙蝠作为雕塑装饰，用来表示福运连连，吉祥如意。

风雨桥是对古建筑的一种仿造。从外观上看风雨桥，桥梁上有两座桥亭。桥亭的设计非常别致，有着非常明显的古代建筑的特点，飞檐翘角，精雕细刻，构造非常的精致。风雨桥的建筑位置主要在河流渡口处。风雨桥的桥廊也有特别的设计，为了给游人提供更多的便利，设计了专门的长坐板，供行人休息纳凉。也正是由于这一作用，所以有了风雨桥的称号。

廪君庙坐落在山上。廪君是土家族人尊崇的祖先神，土家族人的生活中少不了廪君庙。土司城风景区内的廪君庙是三层三进重檐廊柱的建筑。廪君庙位于山腰处，正朝东边，从远处看起来气势非常的巍峨，另外，廪君庙周围的山壁上也专门刻有大型的系列壁画。壁画的内容是关于廪君开疆拓土的豪情事迹，充分地体现出土家族人对廪君的崇尚之情。

土司校场。当地人更习惯将土司校场称为射圃，原本是供士兵操练习武的场地。由于是专门习武的地方，所以内部各种兵器如刀枪剑戟都比较齐全。另外还有当地特色的独家器械，如苗族刀梯、石磨、石锁等，体现出浓郁的当地风情。

要研究土家族民居的经典特色，首选吊脚楼。吊脚楼外观就体现出浓郁的土家族风味，吊脚楼大多建立在依山傍水的绝佳位置，当地人喜欢在房屋周围种植各种果木竹林，环境优美。土家族吊脚楼一般由三间房间组成。左边两间有实物支撑，右边一间设计为悬空。从左到右分别是火房、堂屋和厢房。不同房间内部的设计构造不相同，用途也不相同。这种房屋结构是由当地的自然特点决定的，既可以避免各类蛇虫的侵害，也能存储大量的粮食。

王府九进堂处在土司城核心位置，是整个土司城的核心部分。九进堂的内部结构严谨，细节设计到位。结构上由数百根柱子、檩子及无数的木质门窗组成，门、柱、窗、扇上均刻有雕花图案。从整体上观察王府九进堂的外观，标准大气的木质结构，有着古代特色的屋檐设计，整体看上去错落有致，有着独特的设计风格。九进堂非常的富丽堂皇，是土司皇城威严气势的体现，具有极大的艺术欣赏价值。

土司城墙主要是根据山地形势修建的，全长两千多米，蜿蜒延绵，看起来非常雄伟壮观。早年在土司统治时期，各土司为了发展自己的经济实力，大量进行土地开垦，发展生产建设。另外，不同土司之间为了争夺田地经常发生战争，百姓遭受了苦难的生活。百姓田地被剥夺，成为廉价劳动力，战争频频出现，各土司只能不断修筑城墙来进行自我防护，城墙上还建有大量的烽火台，有敌人来犯就会点燃狼烟报警。如今，雄伟大气的土司城墙，正如当时英勇奋战的士兵，常年屹立在这里，散发出勇敢者的威严。

土司城墙上还建有鼓楼。鼓楼主要是为了抵抗敌人入侵建立的，以前，士兵需要守在鼓楼，随时关注远处烽火台上的狼烟是否升起。一旦发现狼烟升起，士兵需要立刻通过擂鼓的方式进行报警，通知其他士兵随时准备出击，全力抵抗外来入侵者。

钟楼建在城墙的最高处，是三层亭塔式建筑，从底层到顶层分别为城墙、城楼和亭楼。钟楼由四柱四檐围成，便于观察整个土司城的四面八方。游客站在钟楼上，放眼望去，各处景色尽收眼底。钟楼内部悬有一座大铜钟，重量大约是 1 500 公斤，是土司朝典钟。钟上有铭文，内容记载着土司城各种壮丽的景观以及土家族的发展历史。以前，土司朝典钟主要用于隆重的祭祀典礼上，比如祭祀土家族祖先神及历代土司，或者祝贺新土司继位的典礼，另外，灾年祈祷上苍免除灾祸时也会用到这口大钟。每当钟声敲响，土司就会率领全体官员及王室宗亲等一起奉香朝拜。所以在土家族人眼里，铜钟是非常神圣的存在。

百花园。事实上，它是土司皇城的"皇家花园"。历代土司不仅注重建设宏伟的王城，彰显土司的尊严和气势，还十分注重对亭台和花园的建设，以满足王室成员的休闲娱乐需求。历史上的大多数土司都拥有"花园"和花圃，只是名字各不相同。土司皇室成员在花园里进行赏花、弹琴、作诗、猜谜等高雅的文娱活动。当然，这种高雅只是当时以土司为代表的统治阶级的专利，仆人和平民无法享受。恩施土司城里这座百花园有精美的玉石台阶、高低不平的假山、水中有鱼儿嬉戏，尽显皇家园林的富丽堂皇。花园里一年四季应时鲜花盛开，还有古老的柏树、松树和茂密的森林，环境极为清雅。

顺着烽火台一直往下走，就可以来到白虎山。白虎山山如其名，山上有专门为白虎建立的雕像。土家族人将白虎看作廪君灵魂的化身。所以说，白虎对于土家族人来说是非常神圣的。除了在思想上对白虎有一定的敬畏感之外，土家族人也用实际行动表明白虎地位的重要性。土家族人崇敬老虎，所以很多地方祭祀时都有专门为白虎设立的神位。当地百姓也非常信奉白虎，经常会给小孩穿一些带有老虎元素的衣服。例如小孩经常穿的虎头鞋和虎头帽，就带有对老虎的图腾崇拜。另外，父母会在孩子小的时候，在孩子的额头上写下"王"字，希望孩子能够得到老虎的庇护，成为虎的优秀传人。通过这种方式，表达了父母希望孩子有良好发展的夙愿，也体现了土家族人对虎的尊崇。

顺着白虎山继续往下走，会发现一条非常深的沟，这条沟也是用老虎命名的，叫作卧虎沟。卧虎沟上有一座铁索桥，叫作卧虎铁索桥。这座桥高二十多米，宽两米左右，长六十多米，由于桥下是深沟，整座桥悬空而起，因此摇晃力度非常大。很多胆小的人不敢走上桥，会被剧烈的摇晃吓得止步不前，在上面站一段时间之后就会出现头晕目眩的情况。

离卧虎沟不远的地方有一座听涛茶楼，顾名思义，是一座可以边听涛声边品茶的茶楼。恩施是天然的茶乡，产有很多名茶，如宣恩的伍家台贡茶，古代是专供皇帝的贡茶，还有白鹤茶、云雾茶、富硒茶等多种名茶精品。听涛茶楼右边还有一株 300 多年的茶树王。不同于其他旅游景点的雄伟壮丽，听涛茶楼整体设计看上去非常的清雅自然，这是一座水上茶楼，正应了当地土家族人水上赏茶的夙愿。

土司城内部也有设立专门的艺术展馆区，说起专门的艺术展馆区，民族艺苑必须榜上有名。民族艺苑整体占地面积为 15 亩，主体由四栋仿民居的建筑组成。在设计的过程中，更多的是以青砖青瓦的元素为主。设计师利用土家族织锦西兰卡普中的几何图案作为设计灵感，通过多角几何图形进行结构布局。在颜色搭配方面也有明显的对比特色，将红绿颜色交相辉映，整体看上去非常的亮眼夺目。

（3）借鉴意义

恩施土司城位于恩施州西北部，是目前全国规模最大、工程最宏伟的土家族地区土司文化标志性工程，主打文化标签是土家族文化。恩施图土司城比唐崖土司城规模更大，开发时间更早，产生了较大的社会效益，被誉为湖北城市文化旅游新名片，中国文旅产业新地标。恩施火车站 30 路公交车直达土司城站，共 13 站，交通方便。

对唐崖土司城的实际借鉴意义在于：恩施土司城的旅游开发比较注重对土家族文化元素的深度挖掘，提取多样性的文化元素，并结合当地实景开发了大型的文化表演产品，具有游客吸引力，这是值得借鉴的地方。不足之处是业态略显单调。

2. 恩施土家女儿城

（1）发展概况

恩施土家女儿城位于恩施市七里坪，和市区距离比较近，也是根据当地的山地形势建设的。女儿街是女儿城的核心建筑，它位于老城区的中心，地理位置非常优越，目前也是当地经济发展的主要干道之一，也是恩施市最繁忙的商业区之一。土家女儿城总体布局为南北方向，设计上充分利用了光线因素，城市街区相互连接，交通便利，游客玩耍十分方便。而且该地气候条件好，属亚热带季风性湿润气候。一般呈现冬季少寒、夏季无热、雨量充沛的气候特点。但是，由于当地地形的复杂性，地势起伏落差大，也导致了非常明显的垂直区域气候差异。整体温度比较适宜。总体而言，游客不需要过多地考虑季节气候的问题，一年四季都是女儿城旅游的绝佳时机。

女儿城投入旅游市场的开放时间为 2013 年，经过几年的发展之后，当地的旅游业、商业和经济都得到了突飞猛进的提升。游客数量的不断增加，带动了当地经济的发展。当地政府不断加大对旅游业的投入和支持，增加各类商铺数量，加大住宿和餐饮业的发展力度，给世界各地的旅游者带来更好的旅游体验。随着旅游业的发展好和当地经济的提升，当地百姓的收入增加，生活水平也得到了较大的提高。

（2）民俗文化和主要景点

摔碗酒是恩施土家族的风俗。摔碗酒将土家儿女的热情展现得淋漓尽致。在恩施，摔碗酒也叫"biang 当酒"。摔碗酒，源于土家族，起源于周朝，并且与土家族的英雄先人"巴蔓子"有关。摔碗酒意味着吉利，平安的意思，古代有喝完酒摔碗壮行的习俗，喝完碗里的酒后，将陶瓷碗摔碎意喻"碎碎（岁岁）平安"。摔碗酒起源于周朝，并且与土家族的英雄先人"巴蔓子"有关。相传，当年巴蔓子将军因国内有难，去楚国搬救兵，楚国要求巴国给三座城池。楚兵解救巴国后，当楚使前来索要三座城池时，在酒桌上，巴蔓子将军举起酒碗对楚使说："许诺，乃大丈夫之言，然，巴国疆土不可分，臣岂能私下割城，吾宁可一死，以谢食言之罪。"言闭，便一口气喝下碗中酒，并将酒碗重重地摔碎，然后，自刎身亡。巴蔓子将军重了信誉，保了国土，这种大义之人，天下少见。后人为纪念他，喝干碗中酒后，摔下酒碗，学他的舍生取义，决绝笃诚。

土家族摆手舞，又称酉阳摆手舞，是土家族人民千百年来所创造的精神财富，是土家族在一段漫长的历史阶段里，社会生产发展的缩影和艺术性的表现，它的成长、发展伴随着土家族这一民族共同体的共同语言、共同地域、共同经济生活和共同心理素质形成的全过程，是土家族民间文化的综合载体。摆手舞的价值不是一般的艺术形式所能替代的，它在土家族的社会与历史发展过程中有着极其重要的社会价值。

土家族女儿会，也叫恩施女儿会，在国内有"土家族情人节""东方情人节"的美誉，是恩施州土家族具有代表性的区域性民族传统节日之一，是一种独特而新奇的节俗文化，它因在华夏大地上独显女性文化光辉，而尤为显得光彩夺目。一般每年的农历七月七日至十二日这些天，是传统的"女儿会"吉日，最初流行于恩施石灰窑、大山顶一带，如今已发展成全州性的民族节日。

土家族十大碗在土家族已经流传几百年了，来源于当地民间节庆及办酒席时惯用的方式，其最大的特点是半荤半素、一菜两味、油而不腻，餐桌上看不到盘子，吃饭及装菜全部是蓝边大口碗。土家族人生性好客，同时又爱面子，但由于以往生活贫困，无力安排好足量的菜肴，但是又想使餐桌上菜品的数量多，面子好，因此一般每桌都安排十碗菜，荤菜下面用素菜垫底，久而久之就形成了当地举办红白喜事时的固定菜式，称为"土家族十大碗"。十大碗配料精细，营养丰富，口味纯正，不仅在色、香、味上有独到之处，且每碗素菜垫底，荤菜盖面，一菜两味，油而不腻，在当地属于最高规格的宴席。能吃一顿纯正的"十大碗",这是土家族最高规格的礼遇。随着生活水平普遍提高,正式开席前,还有奉烟、喝茶、喝油茶汤等前奏;席毕,也有吃点心、水果之后续。

土家族哭嫁。哭祖先、父母、兄弟姐妹、媒人、自己,等等。哭的形式是以歌代哭,以哭伴歌。歌词有传统模式,也有触景生情的即兴创作。

小吃街。女儿城小吃街左边毗邻繁华的商业区,右边毗邻水上公园。汇集了恩施州八县市特色小吃和全国特色美食。恩施油香儿、恩施苞谷粑粑、恩施豆皮、建始大饼、土家炕洋芋、成都钵钵鸡、陕西肉饼、长沙臭豆腐等经典美食深受游客喜爱。

水上公园。总占地面积达 80 亩,是全省最大的水上主题公园,娱乐设施齐全,娱乐方式丰富有趣。它有无敌大喇叭、波浪池、冲天回旋、半封闭螺旋滑梯、彩虹高速滑梯、水寨、儿童组合滑梯和儿童水上玩乐小品等多种娱乐项目,晚上还有更丰富的娱乐表演,是集游泳、健身、水上娱乐休闲、亲水主题活动于一体的综合性水上娱乐场所。

女儿城大剧院。该剧院是投资八千万元打造的,是国内首场可同时容纳 800 人的室内实景演出场地。2008 年北京奥运会副总干事陈维亚曾担任 2014 年首映的《女儿城——西兰卡普》的艺术总监。同时,该大剧院也是恩施土家族最具特色的民间约会活动女儿会的永久举办场所。

民俗博物馆。2013 年,土家族民俗博物馆在馆主赵国建的争取下正式免费对外开馆。有三十余个民间老艺人常年为博物馆表演艺术,赵国建则为艺人们免费安排食宿。艺人们表演土家族民间乐器,如溜子锣、咚咚喹,以及土家族民歌《黄四姐》等,吸引了诸多观众,前来观赏的当地市民纷纷表示,这样的手艺和表演展示勾起了人们对儿时的回忆,很有特色。

同时,赵国建也在收集各种土家族民间手工艺品,打算建成土家族手工艺品交易市场,让传统手艺更具经济价值。另外,博物馆里还有打糍粑、做豆皮、切桃糕……这样的土家族传统工艺全程向外展示,游客们不仅可以了解这些手艺,还可以购买品尝。

(3)借鉴价值和意义

恩施土家女儿城位于湖北省恩施市七里坪，是全国土家族文化的聚集地，也是武陵地区的城市娱乐消费中心和旅游集散地。作为中国有名的人造古镇，土家女儿城对整体建筑风格进行了合理、周密的规划。古色古香的民居建筑与土家族的吊脚建筑相结合，完美地体现了土家族的民俗风情。毗邻恩施市，交通便利，虽然它是一座人工古镇，但它充分体现了人与自然的和谐统一。土家女儿城包括恩施州八个县市的土家族民俗，是全国土家族文化的典型代表。其独具特色的民间相亲活动影响巨大，独具特色。

土家女儿城的旅游开发对唐崖土司城的可借鉴之处在于，决策者和开发商对当地传统文化进行了深度挖掘，对民间的传统风俗活动如女儿会、哭嫁歌、摔碗酒等进行了实景演绎，民风民俗文化活动特别丰富，形式多样。不足之处是女儿城的整体建筑样式略显单一，咸丰唐崖旅游景区的开发可以在多种建筑样式的结合中寻找平衡点。

3. 芙蓉镇老司城景区

老司城遗址位于湘西土家族苗族自治州，具体位置在永顺县以东 20 多千米的灵溪镇老司城村，原名福石城。1724 年，在改土归流的推动下，司城迁至颗砂乡。为了区分新、旧两座司城，福石城又称老司城。南宋绍兴五年（1135 年）至清朝雍正二年（1724 年），这里是彭氏永顺土司政权的政治、经济、军事和文化中心。老司市又可分为内罗城和外罗城，城内有八街十巷纵横交错，住户密集，商铺兴旺。史书记载"城中三千户，城外八百家""五溪巨镇，万里边城"。

老司城是湘西地区土司制度的物化载体，是我国古代民族区域自治制度发展的活标本。从 20 世纪 90 年底开始到 21 世纪初，湖南省文物考古研究所联合湘西自治州文物工作队和永顺县文物局对老司城及其周边遗址进行了多次考古调查、勘探和发掘。2001 年，老司城成为第五批国家重点文物保护单位。2010 年 9 月，老司城遗址被列入中国首批国家考古遗址公园名录。2010 年，永顺县政府发布了老司城保护利用工程，规划将老司城遗址建成国家级考古遗址公园和文化生态旅游目的地。2016 年 5 月 1 日，老司城遗址风景区正式向游客开放。2016 年 12 月，老司城景区被列为国家

4A 级旅游景区。

（1）历史沿革和布局综述

五代后梁开平四年，即公元 910 年，当时的南楚王马殷接纳江西籍军阀彭瑊进入南楚，并让彭瑊担任溪州刺史。彭氏家族在溪州以恩惠凝聚人心，受到溪州人民的拥戴，成为溪州之地的土司首领，以下溪州（今古丈县会溪坪）为土司治所。南宋绍兴五年（1135 年），彭福石宠（又名彭福石冲）担任土司后，时常感到司治受到辰州势力的威胁，于是将治所迁到了灵溪的福石郡，并在此扩建筑城，即今天的老司城。

关于彭氏土司治所的变迁，历史上还有另外一种记载，在迁往老司城之前，即公元 971 年时，第四世土司彭允林先将司治迁往龙潭城，即今天的永顺县麻岔乡。元代时期，原来的溪州地区被分割为永顺安抚司、葛蛮安抚司（辖南渭州）、思州安抚司（辖麦着、会溪、施溶三感化州和驴迟峒、腊惹峒）。永顺彭氏土司实际所辖的空间变得极为有限，于是明代时期，彭氏永顺土司对老司城进行了大规模的重建。遗址现存的大部分建筑都是明代所建。清雍正二年（1724 年），永顺土司彭肇槐将司治迁到灵溪河上游的颗砂乡，称为新司城。清雍正六年（1728 年），在朝廷推出改土归流的大形势下，永顺末代土司彭肇槐主动交出政权，带着子孙离开湖南湘西，回到江西祖籍立户。延续了八百多年的永顺土司政权宣告结束，从此，老司城也逐渐冷落萧条下来。

老司城遗址总面积为 25 平方千米，城区面积达 25 万平方米，地表上保留了体积庞大的城墙和建筑物。当初老司城选址建立在一个偏僻的山区，主要是出于军事上的考虑，四周高山的自然环境构成了坚固的防御，环绕着城址，又修建了一系列险峻的军事关隘和防御设施。城址包括宫殿区、衙署区、街巷区、墓葬区、宗教区、苑墅区等几个部分。

宫殿区位于城区北部，建在山边，东北高西南低。形状略呈椭圆形，周长 436 米，总面积 14 000 平方米。宫殿区有四扇大门，用石灰和桐油胶结而成。大西门是正门，连接着右街古道，现今还残存有一些台阶。两侧城墙剩余高度约两米，采用红砂岩错缝铺设。宫殿区西北角、西南角、东南角各有一扇大门。城墙厚度约为 1 米，长 436 米。主楼位于宫殿区中南部。沿山而建，面向大西门，自下而上形成四层阶梯平台。地基由夯土制成，目前发现有墙基、墙体、平台层、排水沟等遗迹。

衙署区位于中心城区的北部，与北部的生活区相邻，是土司及其官员的行政办公室和政务机构。整个平面布局接近矩形。城墙周长四百多米，面积达 8 762.4 平方米。东、南、西墙保存完好，现今残余高度为 1—2 米。现今还可以看到衙门区的西门残基，大门宽 3.4 米，有条石砌城的台阶，下面连接着一条主街道。

街巷区。老司城内原有的街道很多，纵横贯通。从遗迹来看，有八条街道、五条巷道和两个入口。现存仍然在使用的名称有：大街（新街）、五屯街、河街、紫金街、左街、右街等等。其中，主街和右街是保存最为完好的。街道和小巷上都铺着红棕色的鹅卵石路面。

宗教区。老司城南边有一个神圣的地方，它不仅是土司时期的宗教区，也是当时土司管辖下人民的精神中心。根据考古发掘和地方志，现今可确认的寺庙包括观音亭、祖师殿、五谷寺、关帝庙、将军山寺、八部大庙等等，各类寺庙定期举行宗教活动和祭祀活动，是当时聚集民众、增强社会凝聚力的重要方式。在土司统治时期，经常有大大小小的战争发生。这些寺庙和宗教活动发挥了激励民心、鼓舞士气的作用。

苑墅区。沿着灵溪河往上走，在老司城的后面，有一片宁静的蓝天。这里有许多土司庄园、别墅、钓鱼台等设施，是土司时期的花园别墅区。考古学家在灵溪河两岸的悬崖峭壁上发现了八块石刻，上面记录了土司与家人和朋友游玩娱乐的时间。

墓葬区。老司城东南郊的紫金山土司公墓群，整个陵园依据山势建为四排。陵园的表面由封土、拜台、"八字"山墙、花带缠腰过道、南北神道、石像生、照壁等文物组成，有助于后人了解明代土司陵园的整体面貌，对研究明代丧葬文化、生产工艺、土司血统都具有重要价值。

4. 主要景点和文物遗存

老司城的文物遗存众多，主要有祖师殿、彭氏祠堂、翼南牌坊、土司德政碑、土司古墓等，其他文物古迹包括地下雨道、摆手堂、铜钟、土司官印、石马、若云书院遗址等。

祖师殿。祖师殿占地面积达 580 多平方米，正面宽五间，进深四间，为重檐歇山顶式样建筑。祖师殿长 17.5 米，高 20 米，宽 13 米。建筑是全木结构，屋顶采用 34 根大柱子支撑。柱基为双圆鼓形，殿脊、屋檐上盖有花纹精美的陶砖陶瓦。在大厅的金柱前，有一座供奉祖先神像的神龛。殿内的斗拱宏伟简朴，梁式框架结构十分独特，是武陵山区具有民族特色的建筑。

彭氏祠堂。彭氏祠堂位于土司城的中心，建在土司的寝宫后面，里面供着历代土司的牌位。这里有精美的木雕和历代土司制定的三纲五常法规谱集。它由明朝万历十九年（公元 1591 年）第二十四代首领彭元锦修建。

翼南牌坊。翼南牌坊位于老司城南部紫金山和若云书院的雅草坪上。最早建于明朝嘉靖年间，刻有"子孙永享"字样，是明代朝廷为表彰第二十六代土司彭济南的抗倭功勋而建。明朝嘉靖三十三年（1554 年），时年十八岁的土司彭济南率领五千名土家族士兵到江苏和浙江沿海地带抗击日本海盗。在望江路的第一场战役中，土家族士兵歼灭了 1 900 多名敌人。《明史》记载说，自日本海盗侵犯以来，这是朝廷在东南部打的第一场胜仗，朝廷设立此牌坊，以示嘉奖和纪念。

土司德政碑。司城衙门官邸遗址左侧有一块土司德政碑，用青石雕刻而成。纪念碑宽度为 1 米多，高度接近 3 米。腹背刻字，顶部有一顶石帽，旁边有一根石柱。这座纪念碑建于清康熙五十二年（公元 1713 年）二月，是永顺地方官员为纪念永顺土司彭鸿海的功德而修建的。

土司古墓。土司古墓群主要集中在紫金山、雅草坪和巴东湖这几个地方，其中紫金山的古墓群最多。据调查，紫金山共有土司王及贵族墓葬一百多座。彭福石冲之后的土司、地方官员及其家属被埋葬在这里。古墓的规模取决于其官职高低。从已发掘的三十多座古墓来看，其基本形式是用土砖拱成半圆，墓前有石人和石马，墓周围建有城墙，进出墓地必须通过铁门。墓壁上雕刻着精美的花草和龙凤图案。棺材一般由楠木和梓木制成，用土漆涂成黑色，用铁钩挂在石室中。随葬品也非常丰富，包括金花、金簪、耳环等金银饰品，以及各种玉器。明代彭显英、彭济南等土司的陵墓至今保存完好。

5. 借鉴价值和意义

老司城遗址是西南少数民族地区的一座军事化城堡，是我国南方少数民族地区的古代文化遗存。它不仅是物质文化遗产，也是非物质文化遗产；它不仅是静态的文物，而且是鲜活的文化史，展现了一个家族、一个政权从兴起到覆灭的发展过程；它不仅是一个独立的考古遗址，也是一个复合的遗产体系。老司城遗址集自然风光、民族文化和考古发掘于一体，具有独特的艺术价值和观赏价值。自然风光包括山石、树木、水景、河流、洞穴、墓葬等多种类型的独特景观。文化景观主要表现为少数民族朴素独特的风俗习惯和悠久凝重的历史文化。艺术观赏性中最突出的是自然与人文的原始生态特征，它直观、准确，具有很强的观赏性和审美价值。老司城遗址是民族文化的直接而重要的载体，能生动地反映人类文化的诸多信息，这些信息几乎涵盖了人类活动的各个方面。

唐崖土司城与老司城遗址一样，完整地反映了我国西南地区土司和土司制度产生、发展、消亡的全过程，填补了中国土司制度考古学的空白，为土司制度研究提供了物化载体，具有重要的历史价值和深远的现实意义。二者都充分反映了土司至今已经消失的文化传统，土司文化是一种集传统文化、民族文化、家庭文化、政治文化等于一体的多元文化，土司遗址为我们研究这种多元、独特的土司文化提供了宝贵的见证。土司遗址充分见证了中华文化与民族文化的交流与融合。它是中国古代中华民族大融合的典范，是民族区域自治的成功范例。为研究武陵山区的民族传统文化和地方文化提供了一个实例，为探索当今世界不同民族、不同文化和谐共处的道路提供了难得的物质依据。

老司城遗址总占地面积约 230 亩，建筑面积为 24 031 平方米，主打文化标签为土司文化，投资规模 8.05 亿，从经济效益和社会效益上全面助推永顺县的全域旅游格局。最值得借鉴的一点是，当地政府全面统筹全县旅游产业的现有资源布局和生态环境条件，强力打造全域旅游格局，整体规划和建设项目都比较成熟。但老司城项目规划采用的是现代复原策略，在一定程度上对文化遗址的整体性风貌、历史性内涵会造成一种损害。唐崖土司城不建议采取这种复原重建的方式，相反，在保持遗址整体风貌，尊重历史现状的基础上，可以采用现代化的数字技术，通过虚拟方式再现唐崖土司遗址建筑曾经的辉煌。

三、唐崖土司遗址旅游资源优势

通过以上对咸丰周边旅游环线和旅游精品的分析，可见唐崖土司遗址具有良好的旅游资源优势。

大峡谷环线主要经典分布以宜昌三峡大坝为代表的人造工程型景点，以巫山为代表的森林景区型景点，以鱼木寨为代表的文化古迹型景点，以恩施大峡谷为代表的峡谷型景点。环线上缺少配套设施完备的服务镇，恩施市内的土司城和女儿城规模偏小且自然环境较差。咸丰地处武陵源核区域，位于三省交会、三大旅游环线交集的位置，唐崖的配套设施可同时服务大峡谷、武陵源和黔渝三大环线。

武陵源地区旅游环线主要包括以韶山毛泽东故居为代表的红色城市景点，以张家界为代表的喀斯特地貌景点，以凤凰古城为代表的古镇型景点和以梵净山为代表的宗教型景点。环线上缺少休闲度假型的旅游小镇。环线上古镇类型景区皆以景点为主，无长期度假功能。唐崖风景秀美，紧邻唐崖土司遗址，拥有良好的文化底蕴，适宜长期度假休闲。

黔渝旅游环线主要是以重庆洪崖洞为代表的城市型景点，以武隆天坑为代表的喀斯特景点，以龚滩古镇为代表的古镇景点，以梵净山为代表的宗教景点，以遵义会址为代表的红色景点。环线上同样缺少休闲度假型的旅游小镇，环线上古镇类型景区皆以景点为主，没有长期度假功能。唐崖风景区与之相比具有明显的优势。

综上所述，咸丰是连接北部三峡大峡谷旅游环线、西部重庆—乌江—

梵净山旅游环线、东部张家界—武陵源旅游环线的核心枢纽。

唐崖土司城地处武陵山余脉，是连接北面大山峡地区、西面黔渝地区和东面武陵源地区的枢纽核心。未来几年规划交通落实后唐崖将成为武陵源地区的十字路口，交通要道，是连接三大旅游环线的旅游重镇，今有湖北西大门之称，具有良好的区位优势。

从全视角来观察武陵源地区旅游类型，可以发现三大旅游环线上缺乏旅游配套设施完善、具备长期休闲度假功能的旅游小镇，而唐崖土司城有深厚的历史文化底蕴，结合咸丰的泛武陵源地区十字路口优势，适宜打造独具魅力的休闲度假胜地。

第六章　唐崖土司遗址文旅融合保护利用与社区生计可持续发展

随着我国社会经济的持续稳定发展，消费升级和需求演变已成为当今社会消费领域的主导问题。在文化旅游产业中，我们也可以清楚地看到，传统的观光旅游已经难以满足游客日益多样化和个性化的消费需求。文化旅游消费供给端的改革亟待推进，产品和服务亟待丰富。在文化旅游一体化政策的推动下，"以文化促旅游，以旅游兴文化"已成为重要的指导思想和发展路径。

因此，要加大文物保护力度，促进文物合理利用，使文物成果更惠及人民。落实湖北省委关于唐崖土司城址保护利用的指示和批示，保护唐崖土司城址及相关文物的充分价值，合理利用城址区文物遗存，创新城址文化与旅游一体化发展理念，保障各项基础设施和配套设施建设，优化区域产业发展结构，实现唐崖土司城址所在地区社会经济的跨越式发展。

具体而言，要对唐崖土司城址的旅游、购物、餐饮、住宿、娱乐等文化旅游要素进行全产业链开发，按照循序渐进、先易后难的原则，通过科学的市场营销，培育品牌价值，这将进一步发挥市场在配置文化旅游资源中的决定性作用，使将来更多更优质的文化旅游资源向唐崖品牌聚集，促进区域经济转变方式、调整结构，实现文化与旅游产业的共赢互利发展。优化产业结构，促进区域文化和旅游产业整合，在相互渗透中拓展空间、激发活力，做大做强文化产业，实现文旅融合一体化的新发展。

第一节　唐崖土司遗址的保护研究

一、唐崖土司遗址保护目标

　　唐崖土司遗址的总体战略定位是打造国内，当然也是世界范围内首个土家族世界文化遗址公园，发展目标是国家 5A 级风景旅游区。

　　为此要紧紧围绕唐崖土司城址的保护和利用工作，使唐崖土司城址保护水平得到显著提升，城址保护利用传承体系基本建立，形成体系完备、特色鲜明的湖北省文化遗址公园，使之成为荆楚文化的重要标识，并为纳入国家考古遗址公园奠定坚实基础。

　　要进一步推动文化产业和旅游产业的深度融合，进一步激发区域社会文化旅游融合活力，通过各项建设工程的实施，建成文化旅游精品线路，研发推出一批文化创意品牌产品，并提升旅游品质，扩大游客消费总量，建成国家 4A 级旅游景区，基本达到国家 5A 级旅游景区申报条件。

　　进一步凸显城址保护利用传承在促进经济社会发展中的重要作用，妥善解决遗址文物保护与社会经济发展之间的矛盾，整合多方资源，形成合力，推动城址所在区域文化旅游产业的转型发展。延伸文化产业链，促进城乡居民就业和经济发展，为区域经济提供新的增长点。

二、唐崖土司遗址保护思路

1. 统筹规划发展，提高发展动力

　　从唐崖土司城址的基础条件、文物价值、环境资源、设施配套等因素入手，针对唐崖土司城址文化和旅游融合过程中存在的突出问题，包括顶层设计瓶颈、文化价值瓶颈、合力不足瓶颈、市场热度瓶颈及地理交通瓶颈等建设瓶颈，发挥《唐崖土司城址文物保护规划（2014—2030）》《恩施

市城市总体规划（2011—2030）》《咸丰县城市总体规划（2014—2030）》等相关规划的统筹和引导作用，从生态环境、文物保护、旅游产业、区域发展等方面系统地梳理规划层级、明确发展重点，围绕游、购、食、住、行、娱等环节整体设计，完善文化旅游产业链条，促进唐崖土司城址文化和本地旅游产业的深度融合发展。围绕周边山地、水体丰富旅游业态，整合旅游资源，丰富旅游产品，提升环境容量和承载力，拉长游客停留时间，拓展游客活动空间，提高游客满意度。加快推出城址周边文化旅游精品线路，推动文化旅游与特色新型城镇化融合发展，加快形成产业共生共荣可持续发展格局。

2. 统筹设施建设，提高配套水准

围绕"科研、教育、游憩"和"游购吃住娱"等要素，狠抓唐崖土司城址基础设施建设和公共服务设施建设，提升旅游目的地的质量。

首先是要改善旅游基础设施，大力改善水、电、通信设施的供给水平，提升航空、铁路、公路、水路和景区交通设施水平，完善旅游目的地交通网络，增强通达性。进一步完善和优化交通网络系统，加速形成文化旅游和风景区基础设施骨架，着力改善旅游内外进出条件。

其次是推进旅游咨询中心和旅游集散中心建设，完善游客服务中心、商品购物中心等游客服务设施，优化景观系统，提升服务质量，全面提升旅游综合接待能力，抓好旅游厕所、旅游公共信息服务和自驾车旅游服务体系等公益性基础设施建设。

再次是规范和完善公共信息服务系统。建立方便、快捷的信息获取渠道，设计和建设规范的道路、景区及其他设施的标识系统和景区解说系统。加大对信息、预定以及电子商务系统、网络建设的投入与支持，建设旅游电子信息技术和市场化所需要的基础设施。运用"互联网+"等现代技术手段，加快打造城市智慧旅游，搭建政府、企业互通的旅游电子政务网络和集问询、投诉和旅游提示于一体的公益服务平台，积极拓展城市旅游网络营销、网络预订和网上支付等在线服务。另外，要健全旅游卫生设施、医疗设施和环保设施等相关配套。

3．统筹形象宣传，提升品牌价值

统筹"世遗唐崖、森林咸丰"的整体品牌形象，以明确的主题、鲜明的标识和简洁、个性化的口号及系列策划活动和营销的多元组合，增强旅游目的地形象的影响力。加强对外宣传推介，完善中国旅游目的地网络体系，使用中文及主要客源国语言推介旅游目的地。创新宣传方法和推广手段，增强唐崖旅游目的地的形象，让唐崖品牌和衍生产品发扬光大。

瞄准休闲旅游等新兴业态，以建设旅游休闲胜地为目标，找准城市定位，在突出本地特点上下功夫，积极依托鄂西南丰厚的文化资源，打造独具特色的民族歌舞品牌、绿色文化与生态文化品牌、历史文化品牌、民族民间工艺品品牌，将城址及周边区域历史文化、传统文化、现代文化、人文元素融入文化和旅游产业中，形成独具本地特色的文化旅游产业。使唐崖土司城址文化旅游成为区域社会新的经济增长点、经济结构战略性调整的重要支点、转变经济发展方式的重要着力点，为咸丰及鄂西南经济提速注入新的强大的动力。

提升品牌价值的前提是提升产品质量。根据目前国内外旅游市场的需求，加强对唐崖旅游产品的策划和创新，推动该地旅游产品的多元化发展。形成以观光旅游为基础，休闲度假旅游、特色旅游、专项旅游为重要发展方向的旅游产品体系，不断优化旅游产品结构，注重旅游产品的提档升级，打造一批唐崖旅游精品和名品项目。

4．统筹城乡发展，提速区域振兴

充分利用唐崖土司城址及周边文化旅游的各种资源优势，统筹核心景区和旅游产业发展，实现文化旅游产业与扶贫开发的有机融合，激发资源要素活力，推动文化旅游产业实现飞跃式增长。加大乡村旅游开发，不断扩大乡村旅游的覆盖面。规划"唐崖"系列特色农产品、旅游商品、传统手工艺品、民族建筑、非物质文化遗产体验为载体的乡村旅游产业园，打造全国休闲农业示范点，不断扩大市场占有率和市场影响力，不断提升区域乡村旅游的国际国内影响力，让乡村旅游带富一方百姓，成为农民增加收入和劳动力转移就业的重要途径，用发展的成果回报当地民众，让农民过上更加幸福的生活，享受到文化遗产保护与文化旅游融合发展的成果，为守底线、走新路、奔小康做出更大的贡献。

5. 统筹人力资源，提高旅游服务质量

加强教育培训和人力资源管理，提高旅游从业人员素质。旅游活动本身就是具有较高文化性的活动，而且随着社会的发展，旅游者和游客自身的素质和对服务的要求都越来越高。与此相对应，旅游从业人员，无论是基层服务人员，还是旅游管理人员，甚至是旅游开发人员，都必须具备较高的艺术品位和文化修养。例如作为基层服务人员的导游，一个合格的导游首先必须具备丰富的历史地理知识，对旅游地的历史、风俗、民情等有清晰的了解，还要具备良好的语言沟通和语表达能力，要熟悉政策法规，在带领游客团队游玩的过程中还要懂心理学知识和美学知识等各个方面，而对于旅游行业中其他中上层从业人员的要求就更高了。此外，我们还应该看到，只有提高旅游从业人员的整体素质，才能实施科学的管理理念、旅游服务信息化等一系列对策。

首先要培养旅游从业人员良好的服务态度。任何旅游者都有被尊重的需求，旅游服务态度是旅游者非常关注的层面，所以服务态度是否端正，直接决定了旅游者对旅游服务质量的评价。所以从业人员除了要有良好的专业知识外和良好的职业素养以外，还可以通过以下方式来给旅游者创造良好的第一印象，如优雅的姿态，端庄的仪表，和蔼的笑容，热情、耐心、诚恳、体贴的服务语言，高效、准时、主动、公正的服务精神。

其次要对社会团体进行教育和技能培训。旅游业是依托文化遗产的产业，因此文化遗产是旅游业的基础。地方政府和旅游机构可以组织一些教育培训，让游客和居民充分认识到文化遗产的价值，并且自觉地保护文化遗产。还可以教居民掌握一些和文化遗产相关的技能以及知识。通过这样的方法，可以为当地的青年人或者是妇女争取到一些新型的就业机会。

6. 统筹可持续发展，优化旅游环境

强调可持续发展，严格执行环境优先的发展原则，优化旅游自然环境和生态环境。倡导人与自然和谐相处的生态文明和绿色旅游，推动环境保护型开发、资源节约型经营、环境友好型消费。加大节能减排和节约环保工作力度，建立完善的、全区域范围内的污水与垃圾处理系统，稳步提升旅游环境质量，实现旅游可持续发展。增强城乡居民的旅游参与意识，自觉维护旅游环境，发扬热情、好客的民族传统，把咸丰唐崖建设成友好型的旅游目的地。维护良好的社会治安秩序，建设安全有序的旅游目的地。丰富适应旅游者的服务语言，优化本地的语言服务环境。引导旅游商家规范经营，培育良好的市场诚信经营环境。

三、唐崖土司遗址保护重点任务

1. 文物保护工程

文物保护工程是指国家对具有文化价值、历史价值、科学价值的历史遗留物采取一系列措施防止其受到损害的工程，包括保养维护工程、修缮工程、抢险加固工程、保护性设施建设工程等多个方面。

文物保护工程是遗址旅游开发产业中的一个重要环节，具有重大意义。表现在如下方面：文物是历史文化研究和现代科学技术文化创新、发展的依据和基础，文物保护工程有利于维护国家的统一和民族团结；历史文物是当地传统文化和道德教育的良好教材，对保护传统文化，加强德育教育，以德治国具有重要的作用，保护好历史文物是进行爱国主义教育的生动教材；文物是前人为我们留下的宝贵财富，是传统文化最直接的反映，具有反映历史、借鉴及教育等重要功能；另外，加强文物保护也能够间接地推动当地经济的发展，促进我国与世界各国的文化交流和友好关系的发展。

要落实文物保护工作方针和文物保护规划进度要求，扎实推进唐崖土司城址的各项文物保护工作，稳步实施《唐崖土司城址消防工程》《唐崖土

司城址保护与环境整治（三期）工程》。根据城址区文物保护现状，分步推动安防系统建设工程、石质文物保护工程、墓葬保护修缮工程等文物保护工程，消除文物本体的安全隐患，并加强对周边环境的治理与形象提升。

2. 展示提升工程

景区标识是一种表达各种信息和标志的符号，用于引导游客完成旅游活动，包括路线指示、导游路线、景区解说等。其主要作用是帮助游客完成在旅游景区的旅游体验过程，增加游客对景区的了解程度。它不仅是景区环境的重要组成部分，也是景区产品的组成要素之一。景区旅游识别系统是解说系统最基本的形式，属于景区解说系统的范畴。而景区的规范化、标准化标识是国家对旅游景区的一个基本要求，也是景区整体服务形象的一种体现。

旅游景区要得到良好的发展，就要丰富展示手段，提升展陈水平。结合咸丰唐崖文旅融合发展的实际情况来看，当前要大力实施城址数字化及互联网+展示提升工程，通过场景还原、幻影成像、半景画等多种方式，使唐崖土司文化遗址更富感染力和吸引力，让文物和文化活起来。完善标识系统，结合遗址价值阐释体系及游客游览需求，设计标识系统，包括说明牌、提示牌、警示牌、导览牌四大类。打造景观小品，结合各展示节点设置差别化景观小品，展示城址内涵。旅游景区标识作为旅游景区形象支持的硬件因素，景区标识规范化对景区形象塑造有利，能展示旅游景区的特色，在游客及旅游市场形成良好评价，还能促进对外交流，优化国际交往空间，另外还能增加散客到访量，实现景区效益增值。

3. 水环境治理工程

对于社会经济的可持续发展来说，水环境保护的重要性是毋庸置疑的。因此必须维护和恢复良好的生态系统，建立新的物质和能量流动体系，处理好雨洪控制和水质污染控制的问题。建设和完善水环境治理的基础设施并进行科学的管理，将是创造现代化城市良好的生存环境并保证其可持续发展的必要条件。为此，需要对水环境进行综合整治。

要着力改善唐崖河的水体环境，并提升河道两岸景观的环境。通过截污、疏浚拓宽、生态恢复、景观亮化等措施，提高河道的防洪能力；建设巡河步道，保障两岸畅通无阻；截流沿河污水，还清河水，改善河道水质；于两河口新建橡胶坝，形成景观水面；通过绿化、美化措施与城址周边景观相互协调，为唐崖土司城址创造良好的水系生态环境。

4. 基础设施配套工程

一是旅游综合交通网路建设。完善交通体系，大力推进黔张常铁路、来咸高速、利咸高速等主体交通网与城址区域的连接线公路建设和改造提升工程，改善旅游外部条件；加快生态停车场、电瓶车道、游客步道等内部交通和唐崖河等水上旅游交通设施建设。

二是精品景区景点基础设施建设。完善游客服务与展陈配套设施，利用城址二类缓冲区建设游客服务中心，结合城址三类缓冲区建设土司文化博物馆，启动博物馆展陈大纲编制工作，根据展示节点设置旅游公厕、休闲座椅等游客服务设施，完善城址区游客服务设施配套。

三是旅游公共信息平台系统建设。建立咸丰旅游网站，主要功能涉及内容管理、产品管理和订单管理等。在咸丰客运站建立了游客咨询服务中心。

四是旅游导引系统建设。加快了旅游交通标示导引系统建设，在主要路口设立重点景区交通导引标识牌，方便自驾游、徒步游的游客出游。但是随着区域内外公路等级的改造提升，交通标示牌也需要改造提升规格。另外，在景区建设大小合理的停车场，以满足日后游客增加需求。

五是旅游接待设施建设。主要是星级宾馆、旅社、饭店等旅游配套产业要有序推动、发展起来。

5. 公园建设工程

遗址公园旅游开发是针对遗址公园的特殊性，兼顾生态、文化、教育、科研、旅游、休闲等功能，以文化体验为核心，专门设计的一种可持续旅游开发模式。遗址公园对遗址核心区采用的开发措施就是保护，保护遗址核心区的原真性和完整性。在遗址保护区内可进行多项活动，有多种功能，比如考古、研究、学习和展示参观等活动，重点是加强对文化资源的研究，并将这种研究成果转化为可供开发利用并能形成市场的产业资源，为文化产业的发展提供源源不断的文化信息资源。

　　加强对唐崖大遗址的保护，加强对唐崖考古遗址公园的建设，以《荆楚大遗址传承发展工程实施方案（2019—2023）》为依托，以唐崖土司城遗址为载体，通过展示土司遗产，大力弘扬荆楚文化，打造展陈体系完备、地域特色鲜明、配套设施完善的湖北省文化遗址公园。明确遗址地的功能分区，做好核心游览区和配套服务区的设计规划，树立设计理念，做好文化体验项目和文化节庆活动。文化节点区可以形成类似文化体验广场、文化休闲广场、文化创意园等以文化为关键词的旅游景点，也可以开发类似节庆、演绎等文化创新体现形式的旅游项目，使遗址公园除了核心区对外进行文化展示外，还有更大的文化承载区。遗址公园的绿色廊道，不从形态上定义它是一种线状或带状的景观单元，而从功能上定义它是遗址的保护缓冲区域，将历史文化内涵提到首位，同时强调经济价值和自然生态系统的平衡能力。因为遗产区域的边缘模糊性，可以实现与周边的城市或地区文化产业的合作发展，将遗址文化研究成果转化为文化产业，可以产生巨大的经济效益和社会效益。将遗址文化融入企业经营和企业文化之中，如成立文化艺术团、影视城、文化音像中心、卡通艺术团、文化科技游乐中心、商城、古玉坊、青铜街等，或生产高品位的艺术品和旅游纪念品，或制作深受广大观众喜爱的影视和文学作品，或为群众提供游乐项目。

　　同时深挖文化内涵，以城址价值为依托，积极组织编制《唐崖土司城址考古遗址公园建设规划》等申报文件，打造基于考古遗址本体，集文物保护与展示、教育科研以及游览休闲等功能于一体的国家级考古遗址公园。

6. 景区建设工程

　　围绕城址核心景区建设、景区基础设施建设、景区配套设施建设、景区服务提升四大类项目，将唐崖遗址建成 4A 级旅游景区。注重景区的人性化和细节化，营造舒适优美的旅游环境，扩大资源吸引力和市场影响力，积极推动 5A 级旅游景区建设。以世界文化遗产唐崖土司城遗址为核心，以土司文化为内涵，向外延伸至朝阳画廊、坪坝营、黄金洞、大寨坪，形成集遗产观光、文化体验和休闲生活三位一体的遗产旅游地。

同时做好旅游资源管理和旅游景区建设的质量管理。旅游建设工程的质量管理包括多个方面，高质量地完成旅游景区建设项目是项目管理追求的最高目标。尤为关键的是做好质量控制，保证景点的建造符合设计和规范要求，无数实践活动已经证明，一时的偷工减料、马虎大意只会减弱旅游景区的长期生存能力，降低旅游景区的吸引力，从而减慢本地旅游产业的发展步伐。

7. 品牌提升工程

旅游景区品牌建设必须经历品牌塑造、品牌维护以及品牌推广三个环节。

品牌塑造是旅游景区根据自身特点，收集个性化信息，使之系统化的过程。根据景区品牌的特点，景区品牌可分为企业品牌、资源品牌、项目品牌以及经营品牌或管理品牌。

景区企业品牌是指具有个性的景区企业在市场上所具有的知名度。总的来说，这些企业以其独特的企业文化或优秀的经营理念和业绩而被市场所公认，如国际知名的迪士尼公司、中国的宋城集团等都是风景名胜区企业品牌的典型代表。在企业品牌的支持下，景区可以通过经营产出、特许经营等方式迅速扩大景区的市场规模。景区项目品牌是指以特色项目为基础的景区品牌，旅游者通过该品牌对景区进行识别，认知旅游景区。旅游景区资源品牌是旅游景区在旅游资源独占的情况下，通过对旅游资源的包装和开发而形成的市场知名度。目前，紫禁城、九寨沟风景名胜区、神农架、泰山等知名景点大多是依靠资源品牌来实现发展的。旅游景区经营品牌是一种特殊的旅游景区品牌塑造方式，即具有个性化的旅游景区经营管理运作方式受到人们的关注，从而产生知名效应。比如民营经济开发的第一个风景名胜区碧峰峡就是一个典型的例子。可见，景区品牌有多种渠道的选择，关键是要把握景区自身的特点，并利用社会扩大效应向旅游者传递个性特征。

品牌的维护。风景区的品牌有一个特定的生命周期，就像生物学一样。因此，旅游景点的品牌应该进行实时维护。通过对品牌的系统维护，可以有效地保证品牌意识和品牌声誉，延长景区品牌的生命周期。实际上，旅游景区品牌的维护就是强化原有特色、培育新特色、不断提高旅游景区管理水平和服务质量的过程。对品牌的维护还包括受损品牌的修复，如应对各种突发事件对景区品牌的负面影响等。

品牌的推广。旅游景区品牌可以根据其影响力分为地方、区域、省级、国家、世界等级别。品牌推广的目的是扩大景区品牌的影响力，从而进一步提高景区的吸引力水平。

咸丰唐崖土司遗址的品牌提升可以围绕以下方面进行：以"齐政修教、因俗而治"为主题，挖掘唐崖土司的家国情怀与忠孝情怀，整理唐崖土司的奋斗史、发家史、爱情史、建筑史和艺术史等，全面展示土家族的民俗风情、建筑文化、地理特色、音乐歌舞以及服饰、饮食、宗教图腾等。研发推出一批文化创意品牌产品和唐崖茶、唐崖酒等衍生产品。

重点打造唐崖之歌、南剧、唐崖论坛等影视剧作和研学品牌，系统提升品牌形象，扩大品牌影响力与吸引力。

8. 非遗传承工程

近年来，随着文化与旅游产业的不断融合，加速了非物质文化进入人们的视野和生活，使游客进一步感受到文化是旅游的灵魂，旅游是文化的载体。在良性循环下，非遗项目不仅成为景区居民的表演项目，而且成为景区营销宣传的新亮点和提高旅游体验的新途径，发挥着越来越重要的作用。

非物质文化遗产的传承对旅游业的发展具有积极的影响。首先，可以提升旅游资源的内涵。非物质文化遗产作为一种非物质形式，是精神创造的活动和产物，可以在旅游业的发展中加以开发利用。开发非物质文化遗产，将民族特色文化融入旅游文化，可以丰富旅游内容，增加旅游开发类型，从而提升旅游资源的文化内涵。其次，它可以提高旅游业的价值。多元化的文化表达形式，让游客在欣赏大自然名迹的同时，了解到当地的民俗文化，欣赏传统舞蹈、技艺、杂技，体验手工艺制作，融入当地非物质文化遗产的氛围，提升旅游体验的品质。影响旅游业发展的因素很多，其中最重要的是文化的发展和传承，包括自然文化和非物质文化。在发展旅游业的同时，既要保护自然资源，又要加大对民俗文化等非物质文化的投入，以提高旅游价值，增强民族内涵。

另一方面，旅游业对非物质文化遗产也有积极的正面影响。旅游产业是非物质文化遗产保护和传承的载体。非物质文化遗产在传统的保护方式下，很难在新时期传承下去，很难体现其真正的价值。这就要求我们在保护非物质文化遗产的过程中将非物质文化遗产进行产业化开发和建设。近年来，随着旅游业的迅猛发展，旅游项目的开发力度不断加大，非物质文化遗产因其具有较高的旅游价值而被纳入旅游项目开发范畴。这些文化承载着人类文明的重量，见证着历史的发展，也给旅游者带来了巨大的吸引力，非物质文化遗产作为旅游业发展的载体得到了继承和保护。非物质文化遗产是通过旅游传承下来的，旅游业的发展为非物质文化遗产注入了新的活力。非物质文化遗产的文化遗产有其独特的方式，在发展旅游业的过程中，非物质文化遗产不断为其开发新的体验项目和活动，为其古老的传统方式增添新鲜和吸引力，在文化表达和体验方面不断创新，以新的方式呈现给游客，让他们观赏和参与其中，并增加新的活动。

为协调非物质文化遗产与旅游业的发展，必须建立和完善非物质文化遗产旅游业发展的法律制度。在开发旅游项目的过程中，要注意合理利用非物质文化遗产，合理有序开发非物质文化遗产旅游市场，尽快建立相关规章制度，规范市场，为非物质文化遗产的发展创造良好的环境，正确处理好非物质文化遗产保护与发展旅游产业的关系，坚持开发与保护相结合，坚决打击开发过程中的不当行为，有关部门高度重视开发过程中可能出现或可能出现的问题，及时解决，进一步规范非物质文化遗产开发市场，确保非物质文化遗产旅游项目开发市场的合理化、规范化。

创新发展模式。目前，咸丰唐崖的非物质文化遗产旅游发展形式较少，内容不够全面，不能充分体现其内在价值。新的旅游项目可以以传统的博物馆展览、口头叙事、节目表演和节日活动的形式开发，而新的旅游线路可以通过与旅游企业的合作开发，例如，建设具有文化特色的酒店和旅馆，经营农舍，创造独特的参与体验，从不同角度全方位开发和宣传非物质文化遗产旅游项目。

可以通过政府引导，全民参与的方式促进非遗旅游业的发展。当下绝大多数人都没有意识到保护和传承非物质文化遗产的历史重要性，同时也缺乏经验，不知道如何参与和保护非物质文化遗产。因此，政府可以加大对民众教育的宣传力度，通过拍摄宣传短片、利用媒体资源、建立交流演出机制等形式，不断提高社会公众参与保护非物质文化遗产的意愿性和自觉性，同时在正确方式方法的指导下参与到保护行动当中去，并在保护过程中共享保护成果。

为非物质文化遗产旅游开发提供资金和技术方面的支持。有些旅游开发商为了追求经济利益，吸引更多游客，将对非物质文化遗产的保护商业化、商品化、庸俗化，严重扭曲了非物质文化遗产旅游开发的真实目的和意义。我们可以通过对现有的非物质文化遗产建立档案并加以妥善保管和合理利用。当地政府还可以为非物质文化遗产的开发提供支持，设立专项基金，对传统工艺技术的保护和传承，可以用津贴鼓励的方式引导当地年轻人传承工艺手艺，使传统工艺精髓得以传承。另外还可以创立非物质文化遗产保护机构，为非物质文化遗产项目开发提供技术支持。

开展非物质文化遗产专题旅游活动。在旅游宣传中增加以非物质文化遗传的宣传活动为主题的活动，旅游地可以通过开办民族文化展览会、民间传统技艺大赛、舞蹈巡回演出等多种形式，对非物质文化遗产进行宣传，提高公众参与度，让大家更加了解非物质文化遗产的内在价值，使非物质文化遗产得到传承的同时，也促进了当地旅游经济的发展，从而实现双赢。

加大民间传统工艺的传承与保护，构建唐崖土司城址非遗传承保护体系，打造"唐崖工匠"品牌，建成土家族吊脚楼，以营造技艺传承基地、唐崖石刻技艺传习所、板凳龙传承基地，进一步保护和推广根艺制作、茶叶加工、咂酒酿制等非遗技艺。启动"吊脚楼营造技艺"世界级非物质文化遗产申报，实施非遗展示馆提升改造工程，丰富土家族吊脚楼、何氏根雕、西南卡普、土家族婚俗的展示内容，充分展现土家族悠久的历史和丰富的民族文化，使之成为世界文化遗产的有益补充。

总之，要正确引导开发与唐崖土司遗址相关的非物质文化遗产的宣传和开发，正确处理好非物质文化遗产保护和旅游开发之间的关系，促进非物质文化遗产与旅游业发展的良性互动。

9. 新型城镇化建设工程

城镇化是现代化的必由之路，推进城镇化是推动区域协调发展的有力支撑。立足旅游景区资源特色和旅游产业发展需要，面向市民和游客推进景区和城镇一体化发展，吸引游客在景区赏景、到城镇消费，走出一条"景城一体化"的新型旅游城市发展之路，为全市经济社会发展提质升级注入强劲动力。

最近几年，咸丰县城镇化进程加快。但由于城镇发展基础薄弱和起点较低，无论是城镇规模、基础设施、功能结构，还是城市风貌、文化特质、管理水平、文明程度，都与旅游产业发展需要、与建设世界一流的旅游景区不相适应。同时，由于工业及第三产业发展滞后，城镇产业单一，城镇聚集发展的承载力和辐射周边及农村的带动力不足，亟待通过实施"景城一体化"得到提升。

因此要结合唐崖镇域建设、住房改造和生态旅游等工程建设，合理调整乡镇产业结构，促进生产方式、生活方式的转变，实现污染物集中处理、达标排放。改善集镇面貌和社区的居住环境。大力推进"五改"（改路、改水、改厕、改灶、改房），整治脏、乱、差现象，促使集镇整洁美观。结合唐崖考古遗址公园和 5A 景区建设，开发特色民宿产品和美食中心，提高民众文化和旅游融合参与度，推动特色新型城镇化建设。

10．产业融合工程

旅游是文化的载体，文化是旅游的灵魂，读书万卷，行万里路，文化与旅游从来没有分开过，文化与旅游的融合发展势在必行。按照区域规模和产业融合形式的不同，文旅产业融合示范区可分为：文旅新区、文旅小镇、文旅产业园区、文旅综合体、旅游景区/度假区、文化旅游带。

旅游产业融合的五大类型如下：

第一，文旅产业新区，促进城区文旅化提升。文化新区，是以城市行政区为空间载体，以城市文化品牌的塑造和旅游化提升为核心理念，通过整合泛文化旅游产业，促进区域产业集聚、经济协调、服务完善、生活品质优化，依托文化旅游资源的挖掘和空间重构，形成以文化旅游为导向的区域综合开发模式。

第二，文旅小镇是以"文化旅游+"为主导的新型城市化。"文旅小镇"以文化旅游融合为理念，以文化基因和文化元素提炼为核心，以创意、再生设计为手段，将地域特色的自然、人文、产业等资源进行综合整合，以系统化的特色文化标识为导向，构建集文化、生态、生活、产业于一体的生态型系统。

第三，文旅产业园区是以创意为导向的泛文旅产业集群。文化/文创产业园区是以文化生产与消费活动为载体，以文化创意集聚为特征，以旅游导入为特色，以文化与旅游相结合为特征的产业园区。

第四，文旅融合项目。文旅综合体，是指以一定的旅游资源和土地基础为依托，以文化为引导，以旅游休闲为导向，以土地综合开发为方向，以相关配套设施和延伸产业为支撑保障，以服务质量为核心，以互动促进发展的文化旅游休闲聚集区。文旅综合体是一个聚集旅游综合功能的特定空间，既是一个泛旅游产业集聚区，又是一个经济系统，具有成为文化和旅游休闲目的地的潜力。所以一般也用泛文旅的概念来代替文旅，采用了"泛文旅综合体"的名称，它涵盖了"休闲综合体""文化综合体""度假综合体""休闲商业综合体""创意文化综合体""温泉养生综合体""康疗运动综合体""高尔夫度假综合体""休闲农业综合体"

等等方面的内容。

第五，文化旅游胜地是文化旅游产业和旅游文化产业的核心载体。文化旅游景区，是指以地域风情、人文历史、古建筑、遗址遗迹、名人、宗教文化等文化元素为依托，能满足旅游需求，承担文化传播和经济发展任务的景区，其开发形式包括但不限于文化主题公园、景区型博物馆群、宗教旅游景区、红色旅游景区、文化遗产景区等等。

第二节　唐崖遗址社区生计可持续发展对策

一、唐崖土司城遗址与入口社区的融合之路

1. 入口社区的概念及功能

入口社区是建在国家公园外的新型聚居区，是连接保护与发展的纽带。此概念在《大熊猫国家公园体制试点方案》中首次提出，目的是探索可持续的社区发展机制。入口社区建成后，将引导保护区内原住居民搬迁到这里集中居住，发展绿色生态的新产业，让自然与历史回归宁静，让动物、遗迹与人民群众生产生活间找到平衡。

国家公园入口社区，往往邻近一流自然旅游资源，历来是乡村旅游规划的重点领域。入口社区的建设，有力地促进了当地乡村旅游和地方特色产业发展，促进了地域文化自觉和自信。

入口社区应当具有三重功能：首先是保护功能，建立世界遗产与人类世界的缓冲带；其次是展示功能，展示文化遗产形象的同时，向游客和公众进行科普宣传，并提供相应的服务；再次是补偿功能，对因保护世界文化遗产发展受限的村民进行补偿，比如建立公园社会养老保障制度，整合设立监测巡护、生态修复等公益岗位等。

入口社区要实现可持续发展，应当包括生态、生产和生活三方面的可持续，生态保护、经济发展和社会文化和谐三方面都要实现，不能因保护生态过度抑制经济发展，也不能因经济发展影响生态保护，损害社会和谐和本土文化传承。

2. 入口社区发展面临的问题

（1）保护意识不强

保护与发展是一对永远的矛盾体，在大多数国家公园入口社区中表现

得特别明显。在建立自然保护区之前，当地区域通常没有保护的概念。对当地的居民来说，森林和草原就是他们长期以来的生产资源和生活场所；自然保护区建立后，在法律法规的约束下，伐木、放牧等行为会逐步得到遏制，但偷猎行为仍时有发生。

自然保护状况如此，文化的保护更有难度。有些入口社区是多个少数民族聚居地，有些社区是历史事件发生地，有些社区是民间艺术发源地，但这些文化随着现代文化的侵袭正在走向消亡。独特的建筑风貌正在被统一的钢筋混凝土建筑所取代，鲜活的历史故事和民间传说变成了地方志上干巴巴的文字，传统手工技艺变成了村里老年人的绝活，面临后继无人的窘况……种种现象表明，在科技快速发展和生活节奏加快的当今时代，传统文化的传承所面临的问题是非常大的。

（2）公共设施滞后

国家公园入口社区大多位于山区，基础设施建设难度大、成本高、使用效率低，道路、给排水、电力等建设普遍滞后，这为社区的发展带来了诸多困难。

一是交通不畅，可进入性不佳，游客成本高，造成景区客流量偏低；二是与土地相关的基础设施配套不足，商业项目开发往往需要从生地做起，项目建设成本高，造成招商困难。在公共服务设施领域同样如此，在社区里经常找不到银行和卫生院，在周围经常找不到加油站，在滨河的地方经常没有游步道。

（3）产业基础薄弱

在原有的林场、采石场等资源掠夺性经营实体撤销后，入口社区往往陷入产业真空之中，旧的产业衰落了，新的产业还没有建立起来。面对地方发展的挑战，旅游通常是第一选择。大部分地方都依托原有的自然保护区、林场等管理实体，划定了一定的区域成立了自然观光性的旅游景区。由于对资源认识不清，在景区做规划的过程中，往往最有价值的景观资源划到了禁止开发的区域，这给景区的开发造成了困扰。同时，由于研学、科普等市场发育不成熟，国家公园内的科普教育旅游也一直处于低位运行状态。

3. 入口社区规划的主要路径

（1）角色重置唤醒保护意识

居民是入口社区的主人，国家公园建设带来的角色转变，是一个系统工程。规划工作必须结合未来的产业和功能，为社区居民预设新的职业和角色，并根据社区居民新的生产、生活需求进行规划。居民在适应新角色的过程中，逐渐实现保护意识的觉醒。社区居民原来的角色可能是山民，在国家公园建设中，可能会转变成护林员、野外向导、导游等新的角色。他们必须通过自然保护系统的专业知识、技能的培训，潜移默化地实现自然和文化保护意识的觉醒。

要实现国家公园对自然的有效保护、对文化的永续传承，首先应当重置当地居民在生态功能和产业发展扮演的角色。文旅主导振兴社区产业国家公园入口社区大多都是旅游景区的入口服务区，文旅产业自然成为入口社区的主导产业。在产业规划中，往往存在一个误区，那就是产业规模越大越好。这导致了投资和建设的失控，用作旅游接待的农家院子越修越高，失去了原有的韵味，大大降低了国家公园区域的游客体验性。

要避免这种现象，主要方法是确定社区的产业规模，并在此基础上制定民居的建设导则，严格控制接待院子的户数、建筑规模和形态，以及相关的食品卫生、防火等标准。没有直接参与接待的社区住户，一般通过间接方式参与，如土特产的生产与加工。国家公园入口社区，往往拥有品质极高的土特产，如野生菌、竹笋、蜂蜜、茶叶、果蔬等，这些产品的价值往往是被低估的。随着文旅及电商的发展，通过包装、加工及文创，逐步获得市场价值认可，最终形成高质量的文旅产业链条。

（2）党政统筹提升基础设施

国家公园入口社区应该建立由县委政府一把手领导亲自抓的基础设施建设方案。由主要领导统筹县级交通、水务、自规、环保、农委等各部门政策资源和竖向项目资源，统筹使用县级交通、水利、农业、环卫、林业等专项资金，实现道路、给排水和环卫等基础设施升级。同时，要在县级层面协调通信、金融、能源等公共服务设施供给，确保公共产品供给。

（3）项目策划融入空间规划

为确保国家公园入口社区可持续发展，应当在空间规划中预留发展空间。在空间规划中，由于缺乏相应的自然资源评价工具，预留发展空间的困难是实际存在的。这就需要我们进行前瞻性的研究工作，包括但不限于社区资源评价、文旅发展趋势、政策趋势等，进而对入口社区进行产业专项谋划，明确支撑社区未来产业发展的若干重大项目及其空间需求。将项目开发的空间需求纳入空间规划之中，才能实现多规合一。国家公园入口社区，拥有较好的文旅资源条件，在过往的开发和建设中，已经投入大量的公共政策和资金，具备成为乡村振兴的先行区的基础条件。

4. 入口社区与唐崖土司遗址融合方法

降低传统的产业支柱比重，利用世界文化遗产的超级 IP 发展新的产业支柱。当前唐崖镇的烟叶、茶叶、生猪是全乡三大支柱产业，各个村落以特色农业作为脱贫攻坚、政府扶持的工作重心。建设高收益、兴文化的唐崖土司入口社区是体制试点的要求，更是地方发展的现实要求。唐崖土司文化是超级 IP，能否利用好这个世界级的文化遗产，打造招牌吸引流量，将文化优势、历史优势转化为经济效益，推动该区域内产业升级，实现全域经济持续发展是最理想的工作目标。

入口社区并不是凭空而生，往往脱胎于土司城周边的村庄、社区、聚居点。唐崖镇位于咸丰县的中南部，距县城 28 千米，东与清坪镇、丁寨乡相连；西与活龙坪乡接壤；南与朝阳寺镇交界；北与小乡村毗邻。唐崖镇为咸丰县文化旅游核心区。唐崖镇位于咸丰城镇发展主轴和两条城镇发展轴次轴的交会地带，发展优势突出。唐崖镇处于咸丰县核心——半小时圈与北翼——文化旅游翼的结合区域，交通优势和区位优势明显。

（1）社区治理与文旅业跨界融合

唐崖镇位于鄂西南地区，可融入周边的黔渝环线和武陵源地区等成熟旅游线路，同时拥有世界文化遗产——湖北咸丰唐崖土司城遗址这个文化旅游超级 IP，旅游资源丰富，在唐崖镇全域开发的目标中发展文旅业是必行之举。

在进行文旅开发的同时要积极推进世界遗产的合理利用，传承中华优秀传统文化，弘扬革命文化，发展社会主义先进文化，推动文化交流、文明互鉴，在寻根溯源中更好发展文化、传承文明，让人们通过文物记得起历史沧桑、看得见岁月留痕、留得住文化根脉。在唐崖土司城遗址的文旅开发中，要充分强调游客的参与感、体验感，利用新科技成果在固有历史文化遗迹上加入创意旅游项目，让游客不只是观光游览。在景区展示的过程中利用新技术让各个要素"复活"，是盘活唐崖土司城遗产的关键：

首先要通过复原、重建、加强部分建筑，如夫妻杉旁的玉皇庙（夫妻杉树龄超过 400 年，据传为土司覃鼎夫妇所植，是夫妻爱情的象征）、覃氏宗祠（土司王坟）、衙署区，使游客体验更完整的土家族礼制文化，增强角色代入感。

其次，利用数量繁多的规模庞大的土司城建筑，进行历史剧、实景表演的演出，让游客在行走间身临其境，仿佛生活在土司城的街头巷尾。

再次，进行土家族古老舞蹈摆手舞（包括狩猎舞、农事舞、生活舞、军事舞）简化后，由当地居民教授给游客，并在固定时间开展篝火晚会、市集等旅游活动。

最后，对于土家族传统工艺染织、编织、刺绣、雕刻、绘画、剪纸等，开设博物馆、体验馆，选择其中较为简单的部分让游客参与体验，既能保护和传承土家族文化，也能让更多人了解其中的魅力。

早在 2017 年，唐崖土司城遗址的旅游开发就已经开始规划，随着周边各村镇农家乐、民宿的自发开办，其实已经出现了入口社区的雏形。

（2）合理规划布局、创新管理机制

在唐崖土司城遗址周边，设立真正意义上的入门社区，实现可持续的社区发展机制，完成产业转型丰富。居民可以发展民族文化、生态旅游、土司文化产品、特色农产品加工等产业，完成一个有很强的可存续性的社区管理机制。

整个唐崖镇拟规划布局为三大功能区：第一个为世界遗产核心区，即唐崖土司城遗产地区，以保护、科研、学习为主要功能；第二个为旅游产业开发区，即旅游康养小镇，以康养体验、旅游观光为主要功能；第三个区域为原居民聚居区，即唐崖镇入口社区，以度假服务、产业加工、人员供集为主要功能。

建立新的居民聚居地进而实现入口社区建设，应当创新管理机制：

首先要充分发挥政府基层管理的经验和智慧，利用当地独有的"一统三治、一站六联"的治理思想，将少数民族群众紧紧联系在一起，大力弘扬当地团结自治的文化传统，将旅游开发的方方面面与老百姓交心，在征地、拆迁、政策移民等民生问题上与社区居民做好沟通，并提供切实有效的社区服务。

其次要贯彻落实好脱贫攻坚中建档立卡的工作要求，充分了解乡镇、农村各家各户的收入来源与经济情况。在旅游小镇建设过程中如对居民财产权益有侵害行为，要及时予以补偿和安顿。

唐崖镇在社区治理与文旅跨界融合后，当地产业转移、产业升级、就业形势将迎来一个风口，此时应当适时减少政府的干预，开展遗产保护、旅游法规等免费的职业培训，鼓励居民把握更多职业选择的机会。减少"靠山吃山"的原始生产观念，转而从事旅游等第三产业，可以在旅游小镇内承担起"共建共管员""劳务输出员"等工作，或从事景区缓冲区旅游接待、旅游交通、旅游产品加工的工作。

（3）高新技术融入，提升社区服务效能

一方面，社区的可持续发展可以依托优质的旅游资源，发展多样的旅游产业，实现低能耗高收益的目标，同时也要关注少数民族农村社区内部建设。要建立全新的入口社区，更要贴合脱贫工作整体的基调，要适当增加高新技术在少数民族农村社区的投入和利用，争取把唐崖镇入口社区打造为智慧社区：

第一层面是智慧政务及物业。通过人工智能、物联网、大数据等新技术手段，全面提升社区治理智能化水平，实现社区人员、车辆信息全采集、活动轨迹全掌控、数据信息全共享、群众求助全应答等，着力提升群众获得感、幸福感、安全感。如当前唐崖社区，可通过物联网及移动互联网技术，使社区居民及时了解村镇最新政策及公告；可建设相关网络反映渠道，让居民有问题有困难可以第一时间解决；在村庄建设监控设备，掌握居民活动轨迹，确保居民生活安全。

第二层面是智慧健康及金融。通过有线数字网络，可以将定期检测的身体健康数据储存进电子档案，同时同步到居民家中电视的智慧社区里，居民只需在家中电视上输入身份证号码就可以随时翻看自己的健康档案，相关负责人员也可通过电子档案了解所在社区居民的收支及经济情况。

第三层面是智慧学习。通过智慧社区相关平台频道，播放相关的免费学习视频，居民了解当前收支情况及相关经济扶贫政策和相关职业培训。

另一方面，通过人工智能等高新技术实现农业、产业现代化，助力精准扶贫工作并建立智慧服务体系：

第一是利用人工智能技术，实现扶贫需求与市场的精准匹配，耕作、播种、采摘等智能机器人将有效提高农业生产效率，还有智能探测土壤、探测病虫害。

第二是通过高新科技的气象灾害预警智能识别系统可有利于减少因灾致贫和因灾返贫等现象的出现。

第三是将人工智能应用于精准扶贫领域，缓解农业信息不均衡的现状，农户通过与人工智能终端交流、学习，找到了学习技术的途径、找到解答问题的专家、找到了销售产品的信息与渠道，最终达到脱贫致富的目的。

第四是引入人工智能，通过采集社区学生居民的数据，规划属于每个人独自的学习计划，提高学生的学习效率，找出并发展其学习兴趣，以减少让贫困社区居民在教育中遇到的金钱障碍得到公平对待。

5. 建立唐崖土司入口社区预期效果

（1）实现入口社区的三大功能

第一是保护功能。在遗产地与人之间建立缓冲带，杜绝大批游客的同时涌入，由入口社区形成一个隔离带，将难治理、污染大、危险性强的一些生产生活活动在社区完成，对遗产地核心区起了极大的保护作用。

第二是展示功能。通过结合现代科技和特色产业，展示唐崖土司文化，形成文旅品牌，向游客和公众进行科普宣传，并提供高品质的服务。其展示功能在保护遗产地的前提下充分利用宣传了土司文化，各项举措为社区居民带来经济收入、带动就业。实现社区生计可持续发展。

第三是补偿功能。对因遗产地开发发展受限高的村民进行补偿，例如建立小范围内的社会养老保障制度，整合设立检测维护、生态修复、旅游演出等岗位，鼓励社区居民回流至遗产核心区、康养小镇内工作。

（2）形成核心区、旅游区、入口社区三大圈层

预期形成三大圈层，承担不同的区域功能，这三大圈层的开发强度各自有所限定，要实现人与自然、人与文化、人与历史的和谐相处。如图 6-1 所示。

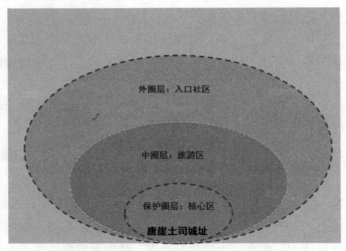

图 6-1　三大圈层示意图

临近唐崖土司城原址的核心区为红线区域，即保护圈层，慎开发、少开发，以保护原址原迹为宗旨。

文旅结合开发旅游康养小镇为中圈层，观光体验、康养疗愈为主要开发定位，可吸纳周边居民工作。

靠近入口社区一侧为外圈层，以旅游度假、生活服务、产业延长为开发的主旨，鼓励社区居民引入资本或自行投资，提升游客接待能力，生产

符合土司文化定位的产品食品，实现创收。

6. 唐崖入口社区建设面临的困惑

（1）保护有余，发展不足

在世界遗产地的开发中，保护始终是放在首位的工作任务，但社区发展和文物遗产保护工作存在差异，社区的可持续发展一定是依托在经济基础之上。入口社区要成为连接遗产地内外的桥梁和纽带，就必须在世界遗产管理机构、文旅开发公司、社区所在地政府之间建立紧密的合作关系，共同推进当地的区域保护和社会经济发展。

（2）社区居民在土司城遗产项目中的参与度

在入口社区机制的设计上，要充分考虑到对当地土司文化、少数民族文化的传承等方面的保障，才能真正延续社区的命脉，实现可持续发展。如果入口社区只是旅游景区的地产开发，没有机制上保障当地社区的利益、促进地方文化的保护和社区居民的广泛参与等，那就和普通的旅游村镇没有差别。

可以充分结合本土的土家族文化，发展特色产业，除了旅游观光还可以发展少数民族展示项目、特色产品加工项目、特色农业等。

（3）同类遗产地旅游开发的同质化问题

唐崖入口社区应当在加强自身识别度的基础上，结合当地发展的历史基础和生态文化保护管理需要，通过合理的空间规划，对自身进行科学的引导和规范。想解决同质化问题，可以在遗产保护和社区补偿关系处理、世界遗产地形象展示和科普教育，以及促进社区受益和社区参与等保障制度上互相借鉴、交流经验，形成具有区县特色的制度。

二、唐崖土司遗址旅游创新利用对策

1. 加强组织领导，强化顶层作用

在省级层面成立唐崖土司城址文旅融合发展领导小组，由省政府牵头，恩施州人民政府、省文化和旅游厅以及相关职能部门为成员单位，将唐崖

土司城址文旅融合发展作为转变经济方式、调整产业结构、惠利民生的重要抓手，从区域发展全局出发，统一规划，整合资源，明确建设目标、重点任务、投融资主体、职责分工等，凝聚全域旅游发展新合力。

2. 提高发展定位，修编总体规划

世界文化遗产是全世界公认的宝贵的文化资源，是全人类共享的精神财富，是世界性的稀有文化旅游资源，是中华优秀传统文化的重要组成部分，具有极高的文化和科学研究价值。唐崖土司城遗址占地 100 多万平方米，是我国西南地区单体规模最大，地面遗存类型最丰富、数量最多的土司治所遗址。加上周边山水林自然景观组合，极具观赏游憩价值。完全具备打造国家 5A 级旅游景区和世界著名的文化旅游目的地的旅游资源和景观价值。在严格保护的基础上开发利用，创新性地开发利用，为社会经济建设服务，意义重大。

高水准规划定位。科学的总体规划是大保护与有效开发利用的基本前提。规划定位包括发展目标定位，发展战略定位，品牌形象定位，市场群体定位，产品体系定位，营销策略定位等。

唐崖土司遗址现有总体规划是以文物遗址保护为主线思路，很好地体现了联合国教科文组织世界遗产委员会在遗址保护管理方面要求。但从文化旅游发展利用的角度来审视，结合中国文旅市场需求国情，现有城址景区产品单一，曲高和寡，市场受众较少，市场吸引力有限。对比秘鲁马丘比丘印加帝国遗址，有学习借鉴之处，也有许多提升超越之地。学习其文化探秘的产品定位；明确的世界文化旅游目的地的市场定位；高层面的市场推介；科学严谨专业的策划营销手法。在产品设计和业态创新上要超越。要将文物保护，科学与研究，科普与娱乐相结合，为中外游客提供不同于现有一般主题乐园或者遗址考古公园形态的互动式，深入式体验的大型历史文化旅游区。

提高唐崖土司城址的发展目标定位。近期，建设成国家 4A 级旅游景区。远期，打造世界文化遗产保护地，世界著名的文化旅游目的地和国家 5A 级旅游景区。为实现新目标，需要扩大景区范围，建设泛遗址或大遗址公园。

现行的唐崖土司城遗址景区范围局限在古城墙之内，与历史上土司城选址、建设、生存、发展密切相关的唐崖河，悬崖绝壁，万马聚首的群山被拒之景区门外，即红线之外。从历史文化科学研究角度来说，具有明显的不合理性。城址周边山水林地理单元，历史上与唐崖土司城址的选址，构建，发展，消亡都存在千丝万缕的联系，它们共同构成了唐崖土司的历史故事整体。它们是历史文化探索的重要资源组成部分，更是打造文化旅游体验、参与和观光产品，融入新旅游要素和延展新旅游业态，安排齐全的旅游服务设置的必要空间。

扩大景区范围后，在现有世界文化遗址保护地范围之外，建设多个与土司文化有关的功能区。现有的遗址公园只是其中的一个以严格保护为主的功能区，是唐崖景区的核心卖点，市场焦点。此外，设定唐崖河文化体验区，土司古道探秘区，万马聚首地理发展区等。建设土司登山步道（NTS），土司户外露营基地等新旅游业态项目。建设高山滑索、观景平台、星空对话基地等设施。配套发展土司民宿，土司茶园等游览接待设施。

泛世界文化遗址公园的建设可以很好地拓展文化旅游市场，不仅满足历史文化研学市场，也可以很好地满足大众观光度假休闲猎奇旅游市场需求，激发市场人气。同时，为支持唐崖土司城遗址景区大发展，建议在国土空间规划中，在遗址保护范围外，适度增加建设用地指标，以不破坏生态环境、不影响文物保护的前提下，适当放宽各项管控指标。

3. 高品位品牌建设，专业化的包装推介

唐崖土司城文化是世界级的文化资源，中国历史文化名片之一。她承载着丰富多彩的历史文化信息，也透射出许许多多耐人寻味的历史之谜，具有很高的历史文化价值、科学研究价值和游憩观赏价值，需要每一个到访者细心品味，仔细研究，认真思考，不断探寻。如此内涵丰富的资源和产品，与一般大众观光型旅游产品有明显的区别，理应匹配高品位的品牌建设和高端的市场定位。

现有唐崖土司城遗址景区不论宣传力度还是宣传方式方法都与唐崖土司城遗址的文化内核和文化内涵不相匹配。因此，其旅游宣传营销需要走

高端路线，规范行销渠道，建议邀请国内外高水准的专业团队进行策划包装营销。利用央视国宝档案、Discovery、国家地理栏目等品牌节目进行宣传推介；在权威出版社出版多语种的研究著作和精美的宣传画册；邀请国摄影家协会著名摄影家拍摄拍照，在美国《国家地理》《地理研究》发表文章刊登图片、举办摄影展；在国际国内重要的机场，在北京、上海、广州、西安、甘肃等国际游客集中的地方投放户外广告；高规格地举办世界级的节庆活动，举办国际性学术会议；以土家族地南曲为基调，推出大型"唐崖土司史诗"剧。上档次上规模，求形象树品牌，走高端路线，突出神秘色彩。整理清除网络上大量的有损唐崖土司城址形象的各种小视频、旅游日记和旅游攻略。

4. 高等级基础设施，提升文化旅游氛围

按照国家 5A 级旅游景区的标准，提档升级从高速公路出口、高铁站到咸丰县唐崖镇的公路等级，提升通达性和安全性。而从唐崖镇到唐崖土司城址景区门口的连接交通不主张提高等级，以保留一定的时间距离，将现代文明与古老文化适度隔离，形成神秘感。增设唐崖河水上体验游览线、山谷徒步探索道。配合更远距离的小型观光车或者小火车，形成两条新的旅游线路，也是进出交通线。

具体来说，首先要清理唐崖镇及道路沿线违规建设、乱搭乱建构筑物、有碍观瞻的广告；整治环境卫生；规范车辆停放和小摊小贩。

其次要按照世界水准、国内领先的标准，加快推进遗址博物馆、游客中心、旅游厕所、停车场、标识标牌系统，智慧旅游系统等旅游服务设施等。

最后，组织编写多版本、多语种的导游解释词，配置多形式解说设备。

5. 注重景城乡一体建设，推进新型城镇化

唐崖土司城遗址所在咸丰县是土家族集中居住区，在唐崖土司城遗址创新发展过程中，需要注意景区建设与城乡建设同步进行，以景区发展建设促进城乡发展建设，景城乡一体化，推进新型城镇化，为地区社会经济建设服务。目前，急需严格控制民居乱搭乱建，超标准建设问题；严格控

制建筑体量、建筑风格和建筑色彩。做好城乡规划，预留充足的公共设施建设用地。将未来泛遗址旅游区中的一些旅游服务接待功能转移和安排在唐崖集镇，促进集镇发展。

依托唐崖土司遗址这一独特的旅游资源，继续大力推进旅游产品开发和旅游产业培育，使旅游产业成为全镇乃至全市的主导和支柱产业。咸丰县拥有世界遗产唐崖土司遗址和众多景点，适宜形成"全球旅游、山水城市一体化"的产业格局，为推进新型城镇化提供强大的产业支撑。唐崖河风景区紧邻市区，为实施"山水城市一体化"提供了内在优势。城市建设步伐加快，城市旅游服务功能和质量有待提高。要通过多种措施，大力推进景观与城市融合。一是依托旅游消费群体，建设旅游服务型城市。针对城市建设滞后、旅游消费不足的缺点，坚持把庞大的旅游群体消费作为推进新型城镇化的强大引擎，大力提升城市旅游服务功能。二是加快城市质量的提高和升级。一方面，加快城市现代化、国际化水平的提升，形成城市特色，吸引和留住游客；另一方面，大力发展高端特色旅游产品，让游客在本地有地方消费，而且愿意在本地消费。同时，努力建设民俗风情旅游小镇，启动重点特色旅游小镇建设。

立足于本地经济社会的特色品牌，依托旅游市场，开启推进新型城镇化的新动力。推进新型城镇化，必须充分发挥巨大的旅游市场优势，大力吸引旅游者到城镇消费，以旅游者进城带动农民进城，以景观城市一体化促进城乡一体化，为推进新型城镇化提供新的动力。根据当地产业发展特点，以旅游业为支撑，寻求新型城镇化发展的新途径。全国经验表明，先进发达地区推进新型城镇化的主要产业支撑是新型工业化。咸丰县作为国家扶贫区，产业发展滞后，无法对新型城镇化起到支撑作用。因此，要充分发挥旅游业的优势，带动现代农业、现代服务业和新兴产业的发展，建立以旅游业为主导的现代产业体系，形成以工兴市、以城促工、以城促商的工作格局，产业与城市互动协调发展，从而强化新型城镇化的产业支撑。

根据城市和市政的功能定位，旅游服务是突出新型城镇化新特点的主导因素。没有特色的城市就是没有竞争力的城市。旅游城市不仅要满足游客的旅游需求，而且要成为留住旅游者的最重要的旅游产品。积极推进新型城镇化，必须依据国际旅游服务型城市的功能定位，突出提升旅游服务功能，彰显旅游特色，大力建设旅游型城镇，以宜游带动宜居和宜业。为了积极推进新型城市化，需要突出旅游特色，按照国际旅游服务城市的功能定位，突出和完善旅游服务功能，建设以旅游为重点的城市，使其可行且对游客友好。

推进新型城镇化的一项重要任务是优化城镇布局和形态，构建布局科学的新型城镇化体系。"全域旅游"既是咸丰县旅游产业的发展布局，又是全市旅游景区的分布形态，同时也是全市城镇发展的基本形态。推进新型城镇化，必须依据景区自然分布，沿水、沿路、沿城、沿景，合理布局城镇建设。咸丰县自然生态环境优越，推进新型城镇化，必须依据本地自然条件优势，以景区资源分布为基础，把良好的生态环境作为根本优势，协同推进景区和城镇生态环境建设，优化新型城镇化的新布局，打造一流的宜居宜游宜业环境，实现生态文明、环境优美的新型城镇化新目标。

6. 发行项目专项基金，委托专业机构管理

从性质上说，文化遗产并不是专属于某个集体的经营性资产或者是旅游资源，它应该是属于社会公益性的文化财富，是全人类所共同拥有的。文化遗产属于全人类，按理应当是公益性的免费开放，但是从实际角度来考虑，免费反而不利于对文化遗产的保护，一方面，游客会大量蜂拥而来，而且会不知珍惜；另一方面，对文化遗产的保护和修缮工作是需要大量资金的，完全依靠国家或当地政府进行财政投入是不现实的。因此各个地方在开展文化遗产旅游活动时，会收取一定费用的，通过这样的收入可以获得一部分资金，用于文化遗产保护。

保护好文化遗产，离不开强大的资金支持。因此要建立专门针对文化遗产资源保护的财政管理模式。由当地政府对遗产保护资金进行统一的分配、筹集、管理以及利用，是一种可行的地方性财政管理模式。可以收费的主要途径有：从部分景区收取一些门票收入；对留宿的游客收取一次性的古城保护费；举办一些当地特色的文化艺术表演进行收费；古城内的餐

馆、宾馆收取的营业税和其他税费等等。政府在筹集到这些资金后，对这些资金进行合理的分配，将资金运用到保护古城的各个方面。也可以争取一些世界银行贷款的项目，去改善古城的基础建筑设施，可以进一步地完善以及调整古城维护费的征收管理工作。另外，要提高当地社区居民的生活质量，就应该加大地方企业对古城基础设施建设的力度。

落实到唐崖遗址风景区，应由省国资委、省文旅厅组织省内各投资公司及金融机构设立重点项目专项基金，以双管理人模式进行管理：专业基金管理团队发起基金，同时引入外部专业旅游管理公司共同管理。

总之，保护世界文化遗产唐崖土司遗址以及相关遗存的全部价值，合理利用遗址区域内文物遗存，创新遗址文化和旅游融合发展思路，保障各项基础设施和配套设施建设，优化区域产业发展结构，是实现唐崖土司遗址所在区域社会经济跨越式发展的保障。

世界文化遗产——湖北咸丰唐崖土司城遗址不论是作为区域文化代表，还是世界文化遗产之一，都不可否认地蕴含着深厚的历史价值和文化价值。唐崖土司城遗址与入口社区融合的对策以实现唐崖土司城遗产保护和唐崖镇社区可持续发展为目标，利用跨界融合与创新手段，通过全方位科学合理地开发，既能充分宣传鄂西优秀的历史文化遗产，又能使这一世界文化遗产成为咸丰县甚至整个鄂西地区重要的经济社会发展力量。

参 考 文 献

[1] 咸丰县党史县志编纂委员会. 咸丰县志[M]. 武汉：武汉大学出版社，1990.

[2] 成臻铭. 清代土司研究：一种政治文化的历史人类学观察[M]. 中国社会科学出版社出版，2008.

[3] 龚荫. 中国土司制度史[M]. 成都：四川人民出版社，2012.

[4] 吴敏. 以女儿城和土司城为例论现今土家文化发展状况[J]. 文学教育（上），2020（04）：138-140.

[5] 李朝晖，李世愉. 土司制度与土司文化论集[M]. 社会科学文献出版社，2016.

[6] 李良品，彭福荣，吴晓玲. 中国土司制度与土司文化研究年度发展报告（2016）[R]. 群言出版社，2017.

[7] 入口社区："超级IP"的可持续发展探路[N]. 四川日报，2020.5.15.

[8] 孟建，史春晖. 场域与传播：中国世界文化遗产的"话语网络"[J]. 当代传播，2019，206（03）：17-20+40.

[9] 董嘉瑜. 改土归流与区划调整——以清代酉阳直隶州为例[J]. 云南大学学报（社会科学版），2019，18（05）：51-59.

[10] 湖北省文物局. 唐崖土司学术研讨会论文集[M]. 北京：科学出版社，2014.

[11] 向琼瑶，马衔振熙，杜德安，黄力. 地区发展模式下的"社区去行政化"研究——以湖北省恩施市为例[J]. 学理论. 2014（28）：98-99.

[12] 张芳芳，刘旭玲. 世界文化遗产保护与管理研究进展[J]. 统计与管理，2019（5）：67-70.

[13] 郭育安（Yu-An Kuo）. 世界文化遗产的地方新想象：马来西亚燕窝产

业，槟城遗产实作，人与动物的边界地带[J]. 地理学报，2019（94）：27-53.

[14] 袁娅琴，李良品. 中国土司制度与土司文化研究 2019 年度科研报告[R]. 黔南民族师范学院学报，2019.

[15] 乌伊罕. 浅谈我国少数民族地区行政管理[J]. 经济管理（文摘版），2016（14）：29.

[16] 黄力，邓辉煌，司马俊莲. 民族地区基层社会管理创新的实践与思考——以湖北省恩施市舞阳坝街道为例[J]. 黑龙江民族丛刊，2014（04）：30-34.

[17] 高旸，郭子欣. 旅游经济与地域性文化遗产景观塑造——以恩施土司城为例[J]. 地域文化研究，2019（04）：117-123.

[18] 龚荫. 关于土司制度研究问题[J]. 西南民族大学学报（人文社会科学版）. 2015（03）：1-4.

[19] 马大正. 深化中国土司制度研究的几个问题[J]. 云南师范大学学报（哲学社会科学版），2011（2）：27-30.

[20] 洪涛，陈季君，付蓉. 土司制度与土司文化新论[M]. 中央民族大学出版社，2018.

[21] 赵海峰. AIoT 技术创新赋能智慧社区建设[J]. 中国安防，2019（4）：45-48.